JN231553

パウンドケーキの本

田中博子

東京書籍

CONTENTS

※計量単位は、大さじ1 = 15㎖、小さじ1 = 5㎖です。
※オーブンの温度と焼き時間は目安です。機種によって違いがあるので加減してください。
※卵は特にことわりのない場合、Lサイズ（1個60g）を使っています。
※製菓用チョコレートは、タブレット状のものはそのまま使い、ブロックのものは削って使います。
※生クリームは特にことわりがない場合、乳脂肪分42%のものを使います。手に入りにくい場合は、乳脂肪分35%のものと45%（または47%）のものを同割で混ぜて使います。混ぜると42%程度の乳脂肪分になります。

はじめに

パウンドケーキ。

なんだか、丸いケーキより簡単にできそうな気がしませんか?

実際、長方形は丸形より中心まで火が入りやすく、

だから、焼いたら中が生焼けだったということがあまりないんです。

私が、高校生の頃に夢中で焼いていたのは、チャツネ入りフルーツケーキ。

パウンド型は持ってはいたけれど、いつも紙のパウンド型を買って作っていました。

当時、下宿をしながら高校へ通っていたので、

離れたところにいる両親や、伯母や、友人に、頻繁に送っていました。

箱にも入りやすいし、送っても壊れにくいから、プレゼントにも最適でした。

チャツネ入りフルーツケーキの配合は、その当時のものから改良を重ね、

今も一番好きな自慢のお菓子です。

お菓子が仕事になってからは、どんなパウンド型がこの生地に合うのか、

よりおいしそうに素敵に見えるのかと、私なりの好みが出てきたけれど、

でも、型は、一つ、二つあれば、いろいろなパウンドケーキが作れます。

パウンドケーキをフランスでは、カトルカール、ケーク、

ガトー・ド・ボワイヤージュ(旅行用のお菓子)と呼んだりします。

旅のお菓子。

初めてこの言葉を知ったとき、なんて素敵! と思ったものです。

日持ちがするという意味からきているのでしょう。

そう。パウンドケーキは、変化を楽しみながら、ゆっくり味わえるのが魅力です。

夏は室温が高いから、やわらかく感じる。冷やしたらおいしい場合もあるので、

試してみて、好きなかたさを見つけ出し、違ったおいしさが生まれます。

冬は寒いので、ぐっと生地がしまり、かたく感じます。

だから、おやつには焼きたてを厚めに切って食べたり、

寒い朝の朝食には、カリッとトースターで焼いてもいいんです。

寒いと熟成が遅い場合があるので、最後の一切れが一番おいしいこともあります。

お菓子の第一印象。自分にとって大事にしていることの一つです。

一口、口に入った途端に、これ、おいしい! と思えるようなお気に入りを。

また食べたいと印象に残るようなパウンドケーキを。

おいしくできたから、半分は、あの人にも食べてもらいたいと思うような味を。

パウンドケーキは幸せを分けられる、愉しさのあるお菓子です。

田中博子

パウンドケーキ作りの基本

基本の材料と配合

バター、砂糖、卵、薄力粉。

この4つの材料を1パウンドずつ使って作ることから、英語でパウンドケーキの名がつきました。

フランス語ではカトルカールと呼ばれ、4つの材料を4分の1ずつという意味です。

この比率で作ってみると、今の時代にはちょっと甘すぎて、重たい感じ。

バターや卵の温度に注意を払わないと卵が生地に混ざりきれず、分離します。

私が基本にしているのは、バター180g、砂糖160g、卵2個（120g）、卵黄1個分（20g）、薄力粉180g、

そして、ベーキングパウダー4.5g、牛乳やリキュールなどの液体大さじ1。

牛乳などの液体を最後に少し加えるとしっとり感が出ます。

バター

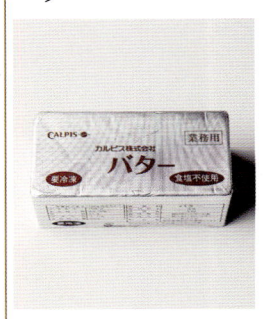

食塩不使用のバターを使います。有塩バターの塩分を生かして作りたい場合に限り、有塩バターを使うこともあります。お菓子全般にいえることは、有塩バターを使うと、塩分の影響で甘さが引き立ち、くどい味になりがちです。すっきりとして、あとをひくおいしさにしたいので、食塩不使用のバターを使うことがほとんどです。

砂糖

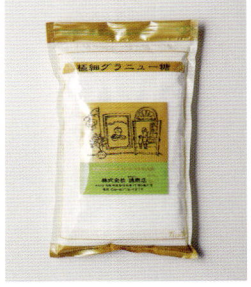

砂糖は、甘さと同時に生地にしっとり感、保水性を与えるのが特徴です。基本的に使うのはグラニュー糖。グラニュー糖は純度が高いので、お菓子に使うとあっさり、キレのよい甘さが出ます。この本では、粒子が細かくて溶けやすい、極細グラニュー糖を使っています。

卵

食べてみておいしいと思えるものを。私はLサイズを基本に使っていますが、個体差があるので、レシピには重量を目安として記しています。

薄力粉

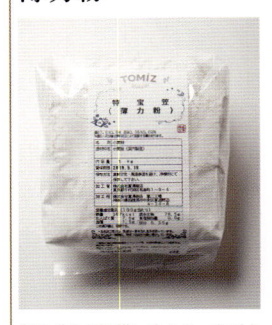

好みのもので構いません。私がよく使うのは増田製粉所の「特宝笠」という薄力粉。粒子が細かいのでなめらかに混ぜることができ、しっとりとして程よい弾力のある焼き上がり。

植物油を使うことも

バターの代わりに油を使うこともあります。この本では、菜種油、ヘーゼルナッツオイルを使用。米油、クルミオイル、ピーナツオイルなど好みのもので構いません。油を使う理由は、たとえば、キャロットケーキは、油を使うことでより簡単に作れ、油ならではのコクともちもち感が出るからです。

知っておきたい砂糖使い

- 上白糖、ブラウンシュガー、きび糖、粗糖は、グラニュー糖よりも砂糖の個性を生地に出したいとき、グラニュー糖よりもしっとり感を出したいときに。
- カソナードにはバニラやはちみつのような香りがあり、上品な味になります。
- 和三盆糖は、特有の繊細な甘みを出したいときに。
- 粉糖は、ほかの砂糖を使用するよりも溶けやすさを重視して使います。もし、グラニュー糖などを使って焼いて、ケーキの表面に砂糖の斑点が出てきた場合は（よく冬に起こる）、粉糖に変えてみてもよいかもしれません。
- はちみつを使うとパンチが出て個性的な味に仕上がります。

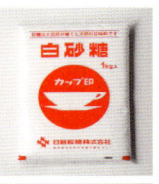  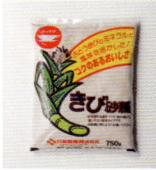 

パウンドケーキをおいしくする、プラスαの仕上げ

パウンドケーキの仕上げにほんの一手間かけると、味に奥行きが出たり、
香りや食感のアクセントになったり、しっとりとしたり……と、さらにおいしさにふくらみが出ます。
ここでは、パウンドケーキの基本として、4つの手法を紹介。
本書では、仕上げが必要な配合と焼きっぱなしの配合とありますが、
すべておいしさの上に立って考えた配合なので、本書の通りに作っていただくのがおすすめです。

糖衣で

粉糖を溶かし、ときにはリキュールを加え、焼き上がったパウンドケーキ
にぬって乾かして白く仕上げます。これを「お菓子に着せる砂糖の衣」の
意で糖衣といいます。焼きたてにぬることで、甘さ、香り、食感に奥行き
が出ます。

たとえば…… レモンパウンド (p.38)、
全粒粉入りレモンパウンド (p.40) など。

シロップで

焼き上がってまだ熱のあるパウンドケーキにシロップをぬることで、さら
に生地がしっとりとし、生地においしさを与えます。グラニュー糖 + 水
+ ラム酒、オレンジ果汁 + あんずジャム + アマレット酒など、シロップ
といってもさまざま。買うことのできないおいしさが作り出せます。

たとえば…… アマレットオレンジケーキ (p.44)、
溶かしバターで作るフルーツケーキ (p.72) など。

クランブルで

バター、砂糖、薄力粉をポロポロのそぼろ状にしたものがクランブル。生
地を型に流し入れたら、クランブルをのせてオーブンへ。表面が乾いてザ
クザクッとした食感になり、しっとりとしたパウンドケーキのアクセント
になります。

たとえば…… コーヒークランブルケーキ (p.36)、
クランブルバナナケーキ (p.50) など。

蒸留酒で

パウンドケーキの風味づけに欠かせないのが蒸留酒。パウンドケーキの粗
熱が取れてから刷毛でぬるだけで、深みのある味と香りが楽しめます。多
めにぬると、シロップと同様しっとり感も出ます。

たとえば…… チャツネ入りフルーツケーキ (p.66)、
イギリス風フルーツケーキ (p.70) など。

この本で使った主な蒸留酒

グランマルニエ —— コニャックにビターオレンジの蒸留エキスを加え
て熟成させた、褐色のリキュール。

キルシュ酒 —— さくらんぼを発酵させて作る蒸留酒。辛口で無色
透明、クセのないさわやかな香りが特徴。

黒糖酒 —— 甘い香りとすっきりとした飲み口が特徴の蒸留酒。
ラム酒とも黒糖焼酎とも異なる味わい。

アマレット酒 —— あんずの核が原料の琥珀色のリキュール。アーモ
ンドのような香りとエキゾチックな味わいが特徴。

ラム酒 —— さとうきびから作られる蒸留酒。この本では華や
かな香りと豊かな風味のダークラムを使用。

パウンドケーキに添えたい、ふんわりクリーム

焼きっぱなしのおいしさを楽しむのもパウンドケーキの魅力ですが、
やさしい口当たりのホイップクリームを添えるとそれだけで華やかなデザートになります。
ここでは、思い立ったらすぐ作れるクリームレシピを紹介。
味、香り、色合い、ケーキと一緒に口に入れたときの食感など、
パウンドケーキとのバランス次第で、この上ないおいしさになります。※材料は、すべて作りやすい分量。

プレーンクリーム

材料 生クリーム 100㎖ グラニュー糖小さじ 2

1 生クリームを入れたボウルを氷水に当て、泡立て器で6分立てにする。

2 グラニュー糖を加え、さらに泡立てて7分立てにする。

抹茶クリーム

材料 生クリーム 100㎖ グラニュー糖小さじ 2 抹茶 2g

1 生クリームを入れたボウルを氷水に当て、泡立て器で6分立てにする。

2 グラニュー糖、抹茶を加え、さらに泡立てて7分立てにする。

レモンクリーム

材料 生クリーム 100㎖ グラニュー糖小さじ 2 レモン果汁小さじ 1～2

1 生クリームを入れたボウルを氷水に当て、泡立て器で5分立てにする。

2 グラニュー糖、レモン果汁を加え、泡立て器でぐるぐる混ぜる。レモンの酸の作用ですぐにかたまる。

3 湯にぬらしたスプーンですくい、ボウルの縁を使ってクルッとさせる。

コーヒークリーム

材料 生クリーム 100㎖ コーヒー豆（細かくひいたもの）2g グラニュー糖小さじ 2

1 生クリームを入れたボウルを氷水に当て、泡立て器で6分立てにする。

2 グラニュー糖、細かくひいたコーヒー豆を加えて混ぜ、さらに泡立てて7分立てにする。

ラズベリークリーム

材料 生クリーム 100㎖ ラズベリージャム 50g キルシュ酒小さじ 2

1 生クリームを入れたボウルを氷水に当て、泡立て器で6分立てにする。

2 ラズベリージャム、キルシュ酒を加え、さらに泡立てて7分立てにする。

クレーム・ド・エペス風

材料 生クリーム 100㎖ サワークリーム 30g グラニュー糖大さじ 1

1 生クリームを入れたボウルを氷水に当て、泡立て器で7分立てにする。

2 グラニュー糖、サワークリームを加えて混ぜ、さらに泡立てて8分立てにする。

この本で使うパウンド型

パウンド型にはさまざまな長さ・大きさのものがありますが、
均一なふんわりとした仕上がりを求めるなら、あまり小さい型やスリムなタイプはおすすめしません。
小さかったり細かったりすると、外側の焼き色部分の割合が多くなり、食べたときの印象が、
しっとりというより乾燥した感じになってしまいます。この本で使った型は、3種類。
材質は、アルミ製やステンレス製、フッ素樹脂加工のものなどがあり、好みのもので OK です。

A
17×8×高さ6cm
家庭用では一般的なサイズ。

B
21×8.7×高さ6cm
17cmのものより一回り大きいタイプ。

C
25×8×高さ8cm
大きめサイズ。
この型1台＝17cm2台分になる。

型の下準備は2通り

卵から泡立てて作る（スポンジのような製法）ふんわりとした生地や、はがれにくいようなやわらかな生地の場合は、
オーブンシートを全体に敷いて、シートごと上に引き上げられるようにします。側面に美しい焼き色をつけたいときや、
かたさのある生地の場合は、型にバターをぬって冷蔵庫で冷やし、強力粉をはたき、
底面にだけオーブンシートを敷きます。味には変わりはなく見た目の問題なので、好みで使い分けても構いません。

オーブンシートを全面に敷く場合

1 オーブンシートの上に型をおき、シートで長い辺を包むようにしたときに両端が型から少し高くなるように切る。**2** 型の底面に合わせて軽く折り目をつけ、底面の内側サイズに合わせて（外側サイズより小さく）折りたたむ。**3** オーブンシートを広げ、長い辺の立ち上がりの折り目をハサミで切る。**4** 短い辺も型より少し高くなるように切る。**5** 短い辺の方を外側にして型に入れる。

バターをぬって底面だけにオーブンシートを敷く場合

1 型の内側全体にバターを刷毛でぬり、冷蔵庫でバターを冷やしかためる。**2** 強力粉を刷毛でつける。**3** 余分な粉ははたき落とす。**4** 型の底面の内側サイズに合わせて（外側サイズより小さく）オーブンシートを切る。**5** 底面にだけ敷く。
※薄力粉より強力粉を使った方が、薄くつくのでおすすめ。

パウンドケーキ作りのQ&A

「一度溶けたバターはもとに戻るの?」「卵を混ぜていたら分離しそうになったのですが」。
そんな疑問に応えた、パウンドケーキを失敗なく作るために知っておきたいことをご紹介します。

Q 卵やバターを室温に戻してから使うのはなぜですか。

A 基本的には室温に戻します。冷蔵庫から出したての冷えた卵やバターを使うと、生地が分離しやすくなります。室温に戻してから使うと分離せず、混ぜたときに空気を含んで、焼いたときの食感がよくなります。卵やバターだけでなく、生地に加えるペースト類やナッツなども、冷えている場合は室温に戻してから使うようにしてください。

冬場はバターをラップに包んで室温に戻しておくと便利。少しかたくても手でもむようにしてやわらかくすることができます。そのあとボウルに入れてヘラで練ります。

Q ドライフルーツの準備で「湯洗いする」とあるのですが。

A ドライフルーツをボウルに入れ、多めの湯を注ぎ入れてヘラなどで洗うようにして泳がせ、10〜30秒ほどおいてザルに上げて水気をきります。これが湯洗い。ラム酒漬けにするときは、そのあとラム酒に漬け込みます。

Q バターと砂糖を混ぜたあと「空気を入れる」とよく書いてありますが、空気が入っているのかよくわかりません。

A ふわっと軽くなったような感じになればよいです。この本では「白っぽくなるまで混ぜる」という表現もしています。

そもそもバターがやわらかすぎる場合は、バターをかき混ぜすぎると溶けていく方向に向かっていき、空気が入るどころか、混ぜるほどに溶けていくことがあります。バターから練って作る工程の場合は、砂糖を入れる前の初めのバターの状態に注意して作りはじめましょう。

Q 夏はバターがだれやすく、冬に焼いたときと焼き上がりが異なります。どうしてですか?

A バターは「室温に戻しておく」といっても、季節によって違いますから、その違いをいかに調整するかが大切になります。

夏は、少しかたいかなと思うかたさ。つまり冷蔵庫から出したてでもよい場合もあります。手の温度でバターを少しやわらかくして、ハンドミキサーの力を使って少し強引な感じでバターに冷たさがあるうちにかき混ぜ、早めに砂糖も入れて混ぜます。そして、砂糖が混ざって空気が入る頃に次の材料を加えます。普段作るときよりも早め早めに材料を加えて素早く生地を作ると、うまくいくでしょう。

Q 一度溶けたバターはもとに戻りますか?

A 残念ながら戻りません。溶かしバターとして使うようにしましょう。

また、溶かしバターが余った場合は、再度冷蔵庫に入れると成分が分かれてかたまりますが、再度溶かしバターとして使うことができます。

フィナンシェに使う焦がしバターは、あらかじめ前日に作っておくことも可能です。何本も作りたいときは、まとめて焦がしバターを作っておき、バットに流して冷蔵保存することもできます。使いたい量を計量し、湯せんで温めて使用します。

Q 卵を加えて混ぜているとき、分離しそうになったらどうすればいいですか。

A 分離しないようにするためには、卵を数回に分けて少しずつ加えていくのが鉄則ですが、それでも分離しそうになったら、あとで加える粉類(合わせてふるっておいたもの)を大さじ2ほど加え、粉の力でなめらかな状態に戻します。

Q 上にふくらまずに、横にダレるように
ふくらむのはなぜですか。

A 作りはじめにすでにバターがやわらかすぎる場合や、
生地が分離してできた場合、焼いている間に横にふくら
んで山型にならないことがあります。

Q 仕上げにシロップをぬる場合、
シロップは熱くてもよいですか。

A シロップが熱いとケーキの表面がはがれて壊れてしま
います。だから、シロップは室温が基本。パウンドケー
キに焼きたての熱さがあるうちに、室温のシロップをぬ
るようにしましょう。

Q 仕上げにお酒やシロップをぬる場合は、
ケーキは冷めていたらだめですか。

A 焼き上がってまだ熱のあるケーキ生地に、室温のリキ
ュールやシロップを刷毛でぬるのが基本です。
ケーキ生地に熱が残っているところに液体をぬること
で、適度に表面に液体が吸い込み、かつ液体が乾きなが
ら皮膜します。皮膜することによって、生地の熱は外に
逃げずに中にこもります。生地の水分が飛ばないように
しながらケーキが冷めることになり、その結果、しっと
り感が出て、よりおいしい食感に変わります。

Q 切って断面を見ると、断面の下の方が
羊羹のようになってしまうのは
なぜでしょうか。

A 材料がちゃんと合わさっていない場合に、混ざってい
ない材料が焼いている間に沈んでいき、その結果、上の
方だけがふわっとなり、下の方がかたく焼けることがあ
ります。もし、このような生地になった場合は、次回か
ら材料が混ざったと思った段階から10回ほど多く混ぜ
てみてください。
バナナケーキに起こりやすいので、本書の中ではバナ
ナと粉類を同時に加える方法を紹介しています。この方
法だと分離しにくく、きれいに、おいしく仕上がります。

Q 型から出す際にいつもうまく出せません。

A 焼き上がったら型と生地の間に
パレットナイフやプティナイフを
一度通しておきましょう。生地に
具材が入っているタイプのケーキ
ほど、レーズンなどが型に張りつ
いている可能性があります。きち
んとパレットナイフが通ることを
確認して型をはずします。

Q 焼いた次の日に、
上面に白い斑点が出てきました。
カビではないのですが、これは何ですか。

A 冬に起こる場合が多いのですが、溶けきれていない砂
糖が冷えて斑点で出てくることがあります。上白糖や黒
砂糖を使った場合に出ることが多いです。微粒グラニュ
ー糖を使うと、出にくくなります。

Q パウンドケーキの日持ちは
どれくらいと考えたらよいでしょうか。

A チャツネフルーツケーキ、イギリス風フルーツケーキ
以外は10日以内に食べた方がよいでしょう。なるべく
新鮮なうちに食べるのが一番です。寒い時期は味がなじ
んでいく速度も遅いので、たとえばチャツネフルーツケ
ーキは5日目以降がおいしくなることもあります。
また、冷蔵庫での保存は生地がかたくなるので、ラッ
プにぴったりと包んで保存袋に入れ、1〜2日。それ以
上になる場合は冷凍を。切り分けたものは1切れずつ
ラップに包んで冷凍用保存袋に入れ、冷凍庫で1ヶ月
ほど保存可能です。

プレーンパウンド

卵、砂糖、小麦粉、バター。基本となる素材の味が、ダイレクトに楽しめます。
砂糖はきび糖を使って自然な甘みを生かします。

材料 17×8×高さ6cmのパウンド型 1 台分

バター（食塩不使用）..... 90g
きび糖 80g
卵黄 ..... 1 個分
全卵 60g
薄力粉 90g
ベーキングパウダー 2.2g
牛乳 ..... 大さじ 1
仕上げ用粉糖 ..... 適量

準備

- バターは室温に戻しておく。
- 全卵は溶いておく。
- 薄力粉とベーキングパウダーは合わせてふるっておく。
- 型の側面の内側にバター（分量外）をぬって冷蔵庫で冷やし、バターがかたまったら強力粉（分量外）をふり、底にオーブンシートを敷いておく。
- オーブンは 180℃に予熱しておく。

1 ボウルにバターを入れてヘラで練り、きび糖を加えて混ぜ、ハンドミキサーで白っぽくなるまで混ぜる。

2 卵黄を加えて混ぜる。

3 全卵を 3 回に分けて加え、そのつど混ぜる。

4 ふるった粉類を加え、ゴムベラで混ぜる。

5 少しまとまってきたら牛乳を加え、粉が見えなくなるまで混ぜ合わせる。

6 型に流し入れてならし、中心を少しくぼませる。

7 型の底を手でトントンとたたいて空気を抜き、180℃のオーブンで 20 分焼き、170℃に下げて 15 分焼く。

8 ケーキクーラーの上で 5 分おき、型から出して冷ます。仕上げに粉糖をふる。

ビクトリアケーキ

生地は冷蔵庫で冷やすとかたくなるので、
ジャムと生クリームをサンドしたらすぐにいただくのがおすすめ。
あんずや柑橘ジャムを使っても。

材料 17×8×高さ6cmのパウンド型1台分

バター（食塩不使用）..... 90g

きび糖 90g

卵黄 1個分

全卵 70g

アーモンドパウダー 20g

薄力粉 90g

ベーキングパウダー 2.2g

生クリーム 大さじ1

ラズベリージャム* 50g

サンド用生クリーム ..... 80㎖

仕上げ用粉糖 ..... 適量

＊ラズベリージャム（作りやすい分量）
ラズベリーピュレ（冷凍）300g、ラズベリー（生または冷凍）100g、レモン果汁大さじ1、グラニュー糖250gを鍋に入れ、ときどき混ぜながら中火で煮る。沸騰したら、アクを取りながら15分ほど煮て、火を止める。冷めてからサラサラのようであれば、再度火にかけてさらに5分ほど煮る。

準 備

- バターは室温に戻しておく。
- 全卵は溶いておく。
- 薄力粉とベーキングパウダーは合わせてふるっておく。
- 型の側面の内側にバター（分量外）をぬって冷蔵庫で冷やし、バターがかたまったら強力粉（分量外）をふり、底にオーブンシートを敷いておく。
- オーブンは180℃に予熱しておく。

1 ボウルにバターを入れてヘラで練り、きび糖を加えて混ぜ、ハンドミキサーで白っぽくなるまで混ぜる。卵黄を加えて混ぜる。

2 アーモンドパウダーを入れて混ぜる。

3 全卵を3回に分けて加え、そのつど混ぜる。

4 ふるった粉類を加えてゴムベラで混ぜ、少しまとまってきたら生クリームを加えて粉が見えなくなるまで混ぜ合わせる。

5 型に流し入れてならし、中心を少しくぼませ、型の底を手でたたいて空気を抜く。180℃のオーブンで20分焼き、170℃に下げて18分焼く。

6 ケーキクーラーの上で5分おき、型から出して冷まし、底から高さ3cmのところを切る。ラップで包み、一晩おくと切りやすい。

7 下になるパウンドの断面にジャムをぬり、サンド用生クリームを8分立てにしてのせ、表面を軽く平らにする。

8 上になるパウンドをのせ、粉糖をふる。

柑橘ピールパウンド

生地には柑橘ピールと、サワークリームを少し。酸味がほんのりでおいしい！
手作りピールは口当たりがいいので、焼き菓子に使うとしっとりと焼き上がります。

材料 25×8×高さ8cmのパウンド型1台分

バター（食塩不使用）..... 160g

グラニュー糖 160g

卵黄 1個分

全卵 120g

サワークリーム 40g

薄力粉 180g

ベーキングパウダー 4.5g

柑橘ピール（文旦）* 140g

ラム酒 大さじ2

仕上げ用柑橘ピール（文旦）..... 適量

＊文旦ピール（作りやすい分量）
1 文旦の皮2個分は皮の白い部分を1cmほど厚みを残して3回ゆでこぼす。鍋にグラニュー糖300gと水600mlを入れて沸騰させ、文旦の皮を入れ、落としぶたをして弱火で1時間煮る。そのまま2〜3日おき、ザルに上げる。**2** 鍋にグラニュー糖300gと水300mlを入れて沸騰させ、**1** を入れ、落としぶたをして弱火で40分煮る。そのまま最低3日おく。

準 備

● バターは室温に戻しておく。

● 全卵は溶いておく。

● 薄力粉とベーキングパウダーは合わせてふるっておく。

● 柑橘ピールは1cm角に切っておく。

● 型の側面の内側にバター（分量外）をぬって冷蔵庫で冷やし、バターがかたまったら強力粉（分量外）をふり、底にオーブンシートを敷いておく。

● オーブンは180℃に予熱しておく。

1 ボウルにバターを入れてヘラで練り、グラニュー糖を加えて混ぜる。

2 ハンドミキサーで白っぽくなるまで混ぜる。

3 卵黄を加えて混ぜる。

4 全卵を3回に分けて加え、そのつど混ぜる。

5 サワークリームを加えてゴムベラで混ぜる。

6 柑橘ピールを加えて混ぜ、ふるった粉類を加えてゴムベラで混ぜる。

7 少しまとまってきたらラム酒を加えて粉が見えなくなるまで混ぜ、型に流し入れてならし、中心を少しくぼませ、型の底を手でたたいて空気を抜く。

8 180℃のオーブンで30分焼き、170℃に下げて25分焼く。ケーキクーラーの上で5分おき、型から出して冷まし、仕上げに柑橘ピールを飾る。

ラムカレンズパウンド

カレンズとは種子のない小粒のぶどう。
生地になじみやすいので
カレンズの味わいが生地全体に行き渡り、
味わい深く仕上がります。

材料 25×8×高さ8cmのパウンド型 1 台分
バター（食塩不使用）..... 180g
きび糖 180g
卵黄 ..... 1 個分
全卵 120g
薄力粉 180g
ベーキングパウダー 4.5g
カレンズ 100g
ラム酒 50mℓ

準 備
- バターは室温に戻しておく。
- 全卵は溶いておく。
- 薄力粉とベーキングパウダーは合わせてふるっておく。
- 型にオーブンシートを敷いておく。
- オーブンは 180℃に予熱しておく。

1 カレンズはボウルに入れ、湯を注ぎ入れて 10 秒ほどおいて水気をきる（湯洗い）。

2 1 を別のボウルに入れ、ラム酒を加え、15 分以上おく。

3 ボウルにバターを入れてヘラで練り、きび糖を加えて混ぜる。ハンドミキサーで白っぽくなるまで混ぜる。

4 卵黄を加えて混ぜる。

5 全卵を 3 回に分けて加え、そのつど混ぜる。

6 ふるった粉類を加えてゴムベラで混ぜ、少しまとまってきたら 2 をラム酒ごと加える。

7 粉が見えなくなるまで混ぜ合わせ、型に流し入れてならし、中心を少しくぼませる。型の底を手でたたいて空気を抜く。

8 180℃のオーブンで 35 分焼き、170℃に下げて 25 分焼く。ケーキクーラーの上で 5 分おき、型から出して冷ます。

クリームチーズパウンド

大きめにカットしたクリームチーズとキルシュ酒を入れるのが特徴。
そのままいただくのはもちろん、
ジャムをのせて頬張るのもおすすめです。

材料　17×8×高さ6cmのパウンド型 1 台分

バター（食塩不使用）..... 80g
粗糖 80g
卵黄 ..... 1 個分
全卵 60g
薄力粉 90g
ベーキングパウダー 2.2g
キルシュ酒 ..... 大さじ 1
クリームチーズ 80g

準備

- バターは室温に戻しておく。
- 全卵は溶いておく。
- 薄力粉とベーキングパウダーは合わせてふるっておく。
- クリームチーズは小角切りにしておく。
- 型の側面の内側にバター（分量外）をぬって冷蔵庫で冷やし、バターがかたまったら強力粉（分量外）をふり、底にオーブンシートを敷いておく。
- オーブンは180℃に予熱しておく。

1　ボウルにバターを入れてヘラで練り、粗糖を加えて混ぜ、ハンドミキサーで白っぽくなるまで混ぜる。

2　卵黄を加えて混ぜ、全卵を 3 回に分けて加え、そのつど混ぜる。

3　ふるった粉類を加え、ゴムベラで混ぜる。

4　キルシュ酒を加え、粉が見えなくなるまで混ぜ合わせる。

5　型に生地の半量を流し入れてならし、クリームチーズの半量を所々におく。

6　残りの生地を入れてならす。

7　残りのクリームチーズを散らし、型の底を手でトントンとたたいて空気を抜く。

8　180℃のオーブンで 20 分焼き、170℃に下げて 15 分焼く。ケーキクーラーの上で 5 分おき、型から出して冷ます。

好みのジャムをのせて。

全粒粉入りごまパウンドを切ってオ
ーブントースターで焼き、バターを
のせて。

全粒粉入りごまパウンド

全粒粉の食感と香りを感じる、かむほどにおいしいパウンドケーキ。
トースターで焼いた温かいところに、冷たいバターをのせて、温度差を楽しんでも。

材料 17×8×高さ6cmのパウンド型1台分

バター（食塩不使用）..... 90g

粗糖 90g

卵黄 1個分

全卵 60g

アーモンドパウダー 20g

白すりごま 30g

全粒粉 30g

薄力粉 50g

ベーキングパウダー 2.2g

牛乳 大さじ1

準備

- バターは室温に戻しておく。
- 全卵は溶いておく。
- 薄力粉とベーキングパウダーは合わせてふるっておく。
- 型の側面の内側にバター（分量外）をぬって冷蔵庫で冷やし、バターがかたまったら強力粉（分量外）をふり、底にオーブンシートを敷いておく。
- オーブンは180℃に予熱しておく。

1 ボウルにバターを入れてヘラで練り、粗糖を加えて混ぜ、ハンドミキサーで白っぽくなるまで混ぜる。卵黄を加えて混ぜる。

2 アーモンドパウダーを入れて混ぜる。

3 全卵を3回に分けて加え、そのつど混ぜる。

4 すりごま、全粒粉の順に加えて混ぜ合わせる。

5 ふるった粉類を加えてゴムベラで混ぜる。

6 まとまってきたら牛乳を加え、粉が見えなくなるまで混ぜ合わせる。

7 型に流し入れてならし、中心を少しくぼませる。型の底を手でトントンとたたいて空気を抜く。

8 180℃のオーブンで20分焼き、170℃に下げて15分焼く。ケーキクーラーの上で5分おき、型から出して冷ます。

マーブルケーキ

2色の生地を型に入れて、マーブル模様になることをイメージしてぐるぐる。
かき混ぜる回数は、ちょっと混ぜすぎかなと思うくらいが成功の鍵です。
切り分けたとき、きれいなマーブル模様が現れたらうれしい。

▶ 作り方は p.26

メープルココアケーキ

シンプルな材料なので、上質のココアパウダーを使うのがおいしさの決め手。
ヴァローナ社のものは、ダマになりにくくコクがあるのでおすすめです。

▶ 作り方は p.27

マーブルケーキ

材料 17×8×高さ6cmのパウンド型 1 台分
バター（食塩不使用）..... 90g
上白糖 80g
卵黄 ..... 1 個分
全卵 60g
アーモンドパウダー 30g
薄力粉 80g
ベーキングパウダー 2.2g
牛乳 ..... 20㎖
ココア生地用
　ココアパウダー 7g
　ベーキングパウダー ..... 1 つまみ
　牛乳 ..... 小さじ 2

準 備
- バターは室温に戻しておく。
- 全卵は溶いておく。
- 薄力粉とベーキングパウダーは合わせてふるっておく。
- 型の側面の内側にバター（分量外）をぬって冷蔵庫で冷やし、バターがかたまったら強力粉（分量外）をふり、底にオーブンシートを敷いておく。
- オーブンは 170℃に予熱しておく。

1　ボウルにバターを入れてヘラで練り、上白糖を加えて混ぜ、ハンドミキサーで白っぽくなるまで混ぜる。卵黄を加えて混ぜる。

2　アーモンドパウダーを加えて混ぜ、全卵を 3 回に分けて加え、そのつど混ぜる。

3　ふるった粉類を加えてゴムベラで混ぜ、少しまとまってきたら牛乳を加え、粉が見えなくなるまで混ぜ合わせる。

4　ココア生地を作る。別のボウルにココアパウダーとベーキングパウダーを入れて混ぜ、3 の生地のうちの 120gと牛乳を加えて混ぜる。

5　型にプレーンな生地を所々おき、ココア生地を空いているところにおく。

6　さらに、プレーンな生地の上にココア生地が重なるようにして、二段重ねにする。

7　スプーンで大きくかき回すようにしてマーブル模様を作る。全体にならし、中心を少しくぼませ、型の底を手でたたいて空気を抜く。

8　170℃のオーブンで 30分焼き、160℃に下げて 15分焼く。ケーキクーラーの上で 5 分おき、型から出して冷ます。

メープルココアケーキ

材料 17×8×高さ6cmのパウンド型1台分
バター（食塩不使用）..... 80g
きび糖 60g
全卵 60g
薄力粉 70g
ココアパウダー 20g
ベーキングパウダー 3g
メープルシロップ 60mℓ

準備
- バターは室温に戻しておく。
- 全卵は溶いておく。
- 型にオーブンシートを敷いておく。
- オーブンは180℃に予熱しておく。

1 薄力粉、ココアパウダー、ベーキングパウダーは合わせてふるう。

2 ボウルにバターを入れてヘラで練り、きび糖を加えて混ぜ、ハンドミキサーで白っぽくなるまで混ぜる。

3 全卵を3回に分けて加え、そのつど混ぜる。

4 分離しそうになったら、1の粉類を大さじ2ほど加えて混ぜる。

5 粉類を加え、ゴムベラで混ぜる。

6 まとまってきたらメープルシロップを2回に分けて加え、粉が見えなくなるまで混ぜ合わせる。

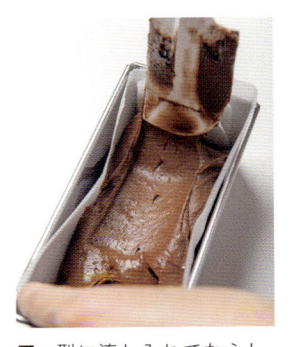

7 型に流し入れてならし、中心を少しくぼませる。型の底を手でたたいて空気を抜く。

8 180℃のオーブンで25分焼き、170℃に下げて25分焼く。ケーキクーラーの上で5分おき、型から出して冷ます。

材料 17×8×高さ6cmのパウンド型1台分
バター（食塩不使用）.....90g
きび糖.....80g
卵黄.....1個分
全卵.....70g
薄力粉.....90g
ベーキングパウダー.....2.2g
牛乳.....大さじ2
チョコソース
　生クリーム.....50ml
　水.....50ml
　ココアパウダー.....13g
　グラニュー糖.....25g
　製菓用ビターチョコレート.....40g
ココナッツファイン.....80g

ラミントン

オーストラリアではどこでも見かける「ラミントン」を
パウンドケーキにしてみました。
切ったときに驚きのある楽しいお菓子です。

準備

- バターは室温に戻しておく。
- 全卵は溶いておく。
- 薄力粉とベーキングパウダーは合わせてふるっておく。
- 型の側面の内側にバター（分量外）をぬって冷蔵庫で冷やし、バターがかたまったら強力粉（分量外）をふり、底にオーブンシートを敷いておく。
- オーブンは180℃に予熱しておく。

1 ボウルにバターを入れてヘラで練り、きび糖を加えて混ぜ、ハンドミキサーで白っぽくなるまで混ぜる。卵黄を加えて混ぜる。

2 全卵を3回に分けて少しずつ加えて混ぜる。途中、ふるった粉類を大さじ2ほど加えて泡立て器で混ぜる。

3 残りの粉類を加えてゴムベラで混ぜ、少しまとまってきたら牛乳を加え、粉が見えなくなるまで混ぜ合わせる。

4 型に流し入れてならし、中心を少しくぼませる。型の底を手でたたいて空気を抜く。

5 180℃のオーブンで25分焼き、170℃に下げて15分焼く。ケーキクーラーの上で5分おき、型から出して完全に冷ます。

6 チョコソースを作る。ボウルにココアパウダーとグラニュー糖を入れて泡立て器で混ぜる。

7 生クリームと水を小鍋に入れて沸騰させ、**6**に加えて混ぜる。

8 チョコレートを加え、混ぜて溶かす。

9 バットに**8**を入れ、ほんの少し温かさが残っているうちに、**5**を入れて全体にからめる。

10 別のバットにココナッツファインを入れ、**9**をおいて全体にまぶす。

抹茶パウンド

家庭で作るのだから、上等な抹茶を使って、香り、色ともに楽しみたいもの。
自家製の抹茶クリームを添えて、華やかに仕上げます。

材料 25×8×高さ8cmのパウンド型 1 台分

バター（食塩不使用）..... 180g

きび糖 180g

卵黄 ..... 2 個分

全卵 130g

薄力粉 160g

ベーキングパウダー 4.5g

抹茶 20g

生クリーム ..... 大さじ 2

準備

- バターは室温に戻しておく。
- 全卵は溶いておく。
- 型の側面の内側にバター（分量外）をぬって冷蔵庫で冷やし、バターがかたまったら強力粉（分量外）をふり、底にオーブンシートを敷いておく。
- オーブンは 180℃に予熱しておく。

1 薄力粉とベーキングパウダー、抹茶は合わせてふるう。

2 ボウルにバターを入れてヘラで練り、きび糖を加えて混ぜ、ハンドミキサーで白っぽくなるまで混ぜる。

3 卵黄を加えて混ぜる。

4 全卵を 3 回に分けて加え、そのつど混ぜる。

5 1を加え、ゴムベラで混ぜる。

6 少しまとまってきたら生クリームを加え、粉が見えなくなるまで混ぜ合わせる。

7 型に流し入れてならし、中心を少しくぼませる。型の底を手でたたいて空気を抜く。

8 180℃のオーブンで 20 分焼き、170℃に下げて 20 分焼く。ケーキクーラーの上で 5 分おき、型から出して冷ます。

抹茶パウンドを切り分け、抹茶クリ
ーム（p.8参照）を添えて。

コーヒーラズベリーケーキ

コーヒーとラズベリーの組み合わせが大好物という
友人との会話から生まれたパウンドレシピ。
ラズベリーの代わりにラズベリージャムを入れても。

▶ 作り方は p.34

コーヒーマーブルケーキ

コーヒー生地とココア生地を使った、
落ち着いた色合いのパウンドケーキ。
クランベリーの色と香り、食感がアクセントです。

▶ 作り方は p.35

コーヒーラズベリーケーキ

コーヒーラズベリーケーキを切り、コーヒークリーム（p.8 参照）を添えて。

材料 17×8×高さ6cmのパウンド型 1 台分
バター（食塩不使用）..... 90g
グラニュー糖 90g
卵黄 ..... 1 個分
全卵 60g
薄力粉 90g
ベーキングパウダー 2.2g
コーヒー粉末（豆を細かく挽いたもの）..... 3g
生クリーム ..... 大さじ 1
ラズベリー ..... 80g（30 粒くらい）

準備
● バターは室温に戻しておく。
● 全卵は溶いておく。
● 薄力粉とベーキングパウダーは合わせてふるっておく。
● 型にオーブンシートを敷いておく。
● オーブンは180℃に予熱しておく。

1 ボウルにバターを入れてヘラで練り、グラニュー糖を加えて混ぜ、ハンドミキサーで白っぽくなるまで混ぜる。卵黄を加えて混ぜる。

2 全卵を 3 回に分けて加え、そのつど混ぜ、コーヒー粉末を加える。

3 ムラなく混ぜ合わせる。

4 ふるった粉類を加え、ゴムベラで混ぜる。

5 まとまってきたら生クリームを加え、粉が見えなくなるまで混ぜ合わせる。

6 ラズベリーを 10 粒ほど残して加え、ざっくりと混ぜる。

7 型に流し入れてならし、残しておいたラズベリーをのせ、型の底を手でたたいて空気を抜く。

8 180℃のオーブンで 20 分焼き、170℃に下げて 15 分焼く。ケーキクーラーの上で 5 分おき、型から出して冷ます。

コーヒーマーブルケーキ

材料 21×8.7×高さ6cmのパウンド型1台分
バター（食塩不使用）..... 120g
グラニュー糖 140g
卵黄 1個分
全卵 90g
薄力粉 140g
ベーキングパウダー 3g
牛乳 大さじ2
コーヒー粉末（豆を細かく挽いたもの）..... 5g
ココア生地用
　ココアパウダー 7g
　ベーキングパウダー 1つまみ
　牛乳 小さじ2
　クランベリー 50g

準備
● バターは室温に戻しておく。
● 全卵は溶いておく。
● 薄力粉とベーキングパウダーは合わせてふるっておく。
● 型の側面の内側にバター（分量外）をぬって冷蔵庫で冷やし、バターがかたまったら強力粉（分量外）をふり、底にオーブンシートを敷いておく。
● オーブンは180℃に予熱しておく。

1 ボウルにバターを入れてヘラで練り、グラニュー糖を加えて混ぜ、ハンドミキサーで白っぽくなるまで混ぜる。卵黄を加えて混ぜる。

2 全卵を3回に分けて加え、そのつど混ぜる。

3 ふるった粉類を加え、ゴムベラで混ぜる。少しまとまってきたら牛乳を加え、粉が見えなくなるまで混ぜ合わせる。

4 コーヒー粉末を加えてムラなく混ぜ合わせる。

5 ココア生地を作る。ココアパウダーとベーキングパウダーをボウルに入れ、**4**の生地のうちの120gと牛乳を加えて混ぜる。

6 **4**のコーヒー生地の入ったボウルに**5**のココア生地を加え、クランベリーを入れる。

7 大きくざっくりと混ぜてマーブル模様にする。

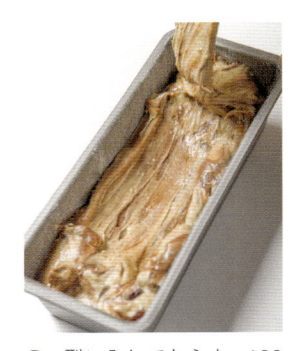

8 型に入れてならす。180℃のオーブンで25分焼き、170℃に下げて18分焼く。ケーキクーラーの上で5分おき、型から出して冷ます。

コーヒークランブルケーキ

クランブルのザクザク感、
クルミの香ばしさと塩気がおいしさのポイント。
クランブルは生地の中にも表面にもたっぷりと使います。

材料 17×8×高さ6cmのパウンド型1台分

クランブル

- バター（食塩不使用）..... 20g
- グラニュー糖 10g
- 塩 2つまみ
- 薄力粉 25g
- シナモンパウダー ..... 少々
- アーモンドパウダー 25g
- カソナード 10g
- クルミ（生）..... 20g

バター（食塩不使用）..... 90g
グラニュー糖 80g
全卵 60g
薄力粉 80g
ベーキングパウダー 2.2g
コーヒー粉末（豆を細かく挽いたもの）..... 5g
生クリーム 大さじ2

準備

- バターはすべて室温に戻しておく。
- クルミは粗く刻んでおく。
- 全卵は溶いておく。
- 薄力粉とベーキングパウダーは合わせてふるっておく。
- 型の側面の内側にバター（分量外）をぬって冷蔵庫で冷やし、バターがかたまったら強力粉（分量外）をふり、底にオーブンシートを敷いておく。
- オーブンは180℃に予熱しておく。

1 クランブルを作る。ボウルにカソナードとクルミ以外を入れ、手でこすり合わせるようにしてよく混ぜ、カソナードを加えて混ぜる。

2 全体になじんでしっとりしたら、クルミを加えてさらに混ぜる。クランブルの完成。

3 ボウルにバターを入れてヘラで練り、グラニュー糖を加えて混ぜ、ハンドミキサーで白っぽくなるまで混ぜる。全卵を少しずつ加えて混ぜる。

4 コーヒー粉末を加えてムラなく混ぜる。

5 ふるった粉類を加え、ゴムベラで混ぜる。少しまとまってきたら生クリームを加え、粉が見えなくなるまで混ぜ合わせる。

6 型に5の半量を流し入れてならし、中心を少しくぼませ、クランブルの半量を入れる。

7 残りの生地を入れてならし、中心を少しくぼませ、型の底を手でたたいて空気を抜く。

8 残りのクランブルをふり、180℃のオーブンで20分、170℃に下げて15分、さらに160℃に下げて8分焼く。型から出して冷ます。

レモンパウンド

「ウィークエンド」より簡単に作れる、レモンのお菓子。
すりおろした皮を加えることが、
柑橘の焼き菓子をよりおいしくする方法の一つです。

材料 17×8×高さ6cmのパウンド型1台分
サワークリーム 65g
生クリーム 30g
バター(食塩不使用) 40g
全卵 100g
グラニュー糖 120g
レモンの皮のすりおろし ..... ½個分
薄力粉 65g
強力粉 15g
ベーキングパウダー 2.2g
糖衣
 粉糖 35g
 レモン果汁 ..... 大さじ½
 キルシュ酒 小さじ1

- バターは湯せんにかけて温かい状態にしておく。
- 全卵は溶いておく。
- 薄力粉と強力粉、ベーキングパウダーは合わせてボウルにふるっておく。
- 型にオーブンシートを敷いておく。
- オーブンは180℃に予熱しておく。

1 ボウルにサワークリームと生クリームを入れ、ヘラで混ぜ合わせる。

2 別のボウルに全卵、グラニュー糖、レモンの皮のすりおろしを入れ、泡立て器で混ぜる。泡立てなくてよい。

3 **1**のボウルに**2**の卵液を少量入れ、サワークリームをやわらかく溶きのばすようにして混ぜる。

4 **3**を卵液のボウルに戻し入れ、泡立て器でダマにならないように混ぜてなめらかにする。

5 ふるった粉類が入ったボウルに**4**を加えて混ぜる。

6 40℃以上に温めた溶かしバターを加えて混ぜる。

7 型に流し入れてならし、型の底を手でたたいて空気を抜き、180℃のオーブンで35分焼き、170℃に下げて15分焼く。

8 糖衣を作る。ボウルに粉糖とレモン果汁を入れて混ぜ、キルシュ酒を加えて混ぜる。

9 **7**が焼き上がったら、熱いうちに型から出し、**8**を刷毛で全体にぬる。そのまま冷ます。

全粒粉入りレモンパウンド

スポンジのような軽さと穏やかな酸味、
全粒粉を加えることによって生まれるほろっとした食感が特徴。
レモン味の糖衣をたっぷりかけて仕上げます。

材料 25×8×高さ8cmのパウンド型 1 台分

バター（食塩不使用）..... 125g

サワークリーム 60g

全卵 180g

グラニュー糖 180g

レモンの皮のすりおろし ..... 1 個分

全粒粉薄力粉 40g

薄力粉 150g

ベーキングパウダー 1.5g

糖衣

　粉糖 75g

　レモン果汁 ..... 大さじ 1

　ラム酒 ..... 10㎖

準 備

- 全卵は溶いておく。
- 薄力粉とベーキングパウダーは合わせてボウルにふるっておく。
- 型にオーブンシートを敷いておく。
- オーブンは 180℃に予熱しておく。

1　ボウルにバターとサワークリームを入れて混ぜながら湯せんにかけ、温かい状態にしておく。

2　別のボウルに卵、グラニュー糖を入れ、泡立て器で混ぜる。8 の字がうっすらと書けるくらいに泡立てる。

3　レモンの皮のすりおろしを加えて混ぜる。

4　全粒粉薄力粉を加え、ゴムベラで混ぜる。

5　温めておいた **1** を再度よく混ぜて加え、混ぜ合わせる。

6　ふるった粉類を加えて手早く混ぜる。

7　型に流し入れてならし、型の底を手でたたいて空気を抜き、180℃のオーブンで 35 分焼き、170℃に下げて 5 ～ 8 分焼く。

8　糖衣を作る。ボウルに粉糖とレモン果汁を入れて混ぜ、ラム酒を加えて混ぜる。

9　**7** が焼き上がったら、熱いうちに型から出し、**8** を刷毛で全体にぬる。そのまま冷ます。

オレンジナッツパウンド

自家製のヘーゼルナッツパウダーの香りが鼻をくすぐる、
冷やしてもおいしい軽やかな焼き菓子。
仕上げのオレンジ果汁は、一度にぬりすぎると表面が
くずれてくるので、様子を見ながら刷毛でしみ込ませます。

オレンジナッツパウンドを切り、泡立てた
生クリーム、ヘーゼルナッツ、オレンジマ
リネを添えて。

オレンジマリネ（作りやすい分量）
オレンジ1個の両端を切り落とし、
皮のカーブに沿って皮を切り離す。実
と房の間にナイフで切り込みを入れて
実だけを取り、ボウルに入れる。残っ
た房をギュッと絞って果汁も余すとこ
ろなく入れる。柑橘やあんずのジャム
大さじ1、オレンジピール（スライス
タイプ）1枚をくし形に切って加え、
5分おく。

材料 21×8.7×高さ6cmのパウンド型1台分
バター（食塩不使用）..... 60g
サワークリーム 40g
全卵 120g
グラニュー糖 130g
オレンジの皮のすりおろし 1個分
薄力粉 60g
強力粉 40g
ベーキングパウダー 1つまみ
ヘーゼルナッツ 40g
仕上げ用オレンジ果汁 ..... ½個分

準備

- 全卵は溶いておく。
- 薄力粉、強力粉、ベーキングパウダーは合わせてふるっておく。
- ヘーゼルナッツは160℃のオーブンで15分ローストし、冷ます。
- 型にオーブンシートを敷いておく。
- オーブンは180℃に予熱しておく。

1 ヘーゼルナッツパウダーを作る。ローストしたヘーゼルナッツをフードプロセッサーに入れ、ふるった粉類のうち大さじ2を加える。

2 1を攪拌して粗めの粉末状にする。

3 ボウルにバターとサワークリームを入れて混ぜながら湯せんにかけ、温かい状態にしておく。

4 別のボウルに卵、グラニュー糖を入れ、泡立て器で混ぜる。8の字がうっすらと書けるくらいに泡立てる。

5 温めておいた3を再度よく混ぜて加え、ゴムベラで混ぜる。

6 オレンジの皮のすりおろしを加え、混ぜる。

7 ふるった粉類を加えて手早く混ぜる。

8 2を加えて混ぜ合わせる。

9 型に流し入れてならし、型の底を手でたたいて空気を抜き、180℃のオーブンで30分焼き、170℃に下げて5〜8分焼く。型から出す。

10 オレンジ果汁を刷毛でぬる。果汁がしみ込みにくくなったら、しばらく経ってから残りの果汁をぬる。ヘーゼルナッツが残っていたら飾る。

材料 25×8×高さ8cmのパウンド型1台分

卵黄 1個分

全卵 60g

グラニュー糖 70g

オレンジの皮のすりおろし ..... ½個分

薄力粉 50g

アーモンドパウダー（皮つき）..... 40g

バター（食塩不使用）..... 50g

オレンジのシロップ煮＊ 8枚

仕上げ用シロップ

オレンジ果汁 ..... 50㎖

あんずジャム 50g

アマレット酒 ..... 25㎖

＊オレンジのシロップ煮（作りやすい分量）
オレンジ½個を3㎜厚さの薄切りにし、グラニュー糖25g、水70㎖とともに鍋に入れ、落としぶたをして中火にかけ、沸騰したら弱火で15分煮る。オレンジの皮の白い部分が透明になるまで煮る。そのまま冷まし、完全に冷めたら汁気をきる。

アマレットオレンジケーキ

生地だけでなく、仕上げ用シロップが大事な味のポイント。
水分が飛んだオレンジのおいしさが蘇り、
カステラのような生地をより魅力的にします。

準 備

- バターは湯せんにかけて温かい状態にしておく。
- 全卵は溶いておく。
- 薄力粉、アーモンドパウダーはそれぞれふるっておく。
- 型の側面の内側にバター（分量外）をぬって冷蔵庫で冷やし、バターがかたまったら強力粉（分量外）をふり、底にオーブンシートを敷いておく。
- オーブンは180℃に予熱しておく。

1　ボウルに全卵とグラニュー糖を入れ、湯せんにかけながらハンドミキサーで混ぜる。生地が少しさらっとしたら湯せんからはずす。

2　そのままハンドミキサーで混ぜ、8の字がしっかり書けるくらい泡立てる。

3　オレンジの皮のすりおろしを加え、ゴムベラで混ぜる。

4　薄力粉を加え、さっと混ぜ合わせる。

5　アーモンドパウダーを加えて混ぜ合わせる。

6　温かいバターを3〜4回に分けて加え、そのつど混ぜる。

7　型に流し入れ、汁気をきったオレンジのシロップ煮をのせる。生地の所々に差し込むようにする。180℃のオーブンで30分焼く。

8　仕上げ用シロップを作る。鍋にオレンジ果汁とあんずジャムを入れて火にかけ、ジャムが溶けるまで泡立て器で混ぜる。

9　沸騰させながらさらに2〜3分煮、火を止めてアマレット酒を加え、そのまま冷ます。

10　7が焼き上がったら熱いうちに型から出し、9を刷毛でぬる。しみ込みにくい場合は、5〜10分かけてすべてのシロップをしみ込ませる。

バナナケーキ

バナナと粉類を同時に加えることで、
粉がバナナの水分を吸い、きれいに混ざり合って
おいしいパウンドが焼き上がります。ぜひお試しを！

材料 25×8×高さ8cmのパウンド型1台分
バナナ（ほどよく熟したもの）..... 150g
ラム酒 小さじ2
卵黄 2個分
生クリーム 20mℓ
バター（食塩不使用）..... 100g
塩 2つまみ
きび糖 75g
メレンゲ
　卵白 50g
　グラニュー糖 35g
薄力粉 150g
ベーキングパウダー 3g
重曹 1.3g
トッピング用バナナ 1本

準備
- バターは室温に戻しておく。
- 薄力粉、ベーキングパウダー、重曹は合わせてふるっておく。
- メレンゲの卵白は冷蔵庫で冷やしておく。
- 型の側面の内側にバター（分量外）をぬって冷蔵庫で冷やし、バターがかたまったら強力粉（分量外）をふり、底にオーブンシートを敷いておく。
- オーブンは180℃に予熱しておく。

1 バナナは皮をむいてフォークなどでペースト状になるまでつぶし、ラム酒を加えて混ぜる。

2 ボウルに卵黄と生クリーム入れ、ヘラで混ぜ合わせる。

3 別のボウルにバターを入れてヘラで練り、塩ときび糖を加え、ハンドミキサーで白っぽくなるまで混ぜる。**2**を2回に分けて加えて混ぜる。

4 メレンゲを作る。ボウルに卵白を入れ、グラニュー糖を3回に分けて加えながら、角が立つまでしっかりと泡立てる。

5 **3**に**1**のバナナとふるった粉類の⅓量を入れる。バナナと粉類を同時に加えるのがポイント。

6 ゴムベラで混ぜ込むようにしてなじませる。

7 メレンゲの½量を加えて混ぜ合わせる。

8 残りの粉類を加えて混ぜ、残りのメレンゲを加えて混ぜる。型に流し入れてならし、中心を少しくぼませる。

9 バナナの皮をむいて半分に切り、さらに厚みを半分にし、断面を上にしてのせる。型の底を手でたたいて空気を抜く。

10 180℃のオーブンで40〜50分焼く。ケーキクーラーの上で5分おき、型から出して冷ます。

チョコチップバナナケーキ

バナナと相性のよいチョコレートを組み合わせた定番のおいしさ。
チョコチップの代わりに細かく刻んだチョコレートを使っても。

材料 17×8×高さ6cmのパウンド型1台分
バナナ（ほどよく熟したもの）..... 100g
ラム酒 小さじ2
バター（食塩不使用）..... 70g
塩 2つまみ
きび糖 50g
卵黄 1個分
生クリーム ..... 20㎖
メレンゲ
　卵白 40g
　グラニュー糖 25g
薄力粉 100g
ベーキングパウダー 2.2g
重曹 1g
チョコチップ 50g
仕上げ用粉糖、バナナチップ（市販）..... 各適量

チョコチップバナナケーキを切り、バナナチップを添え、プレーンクリーム（p.8参照）を絞り出して。

準備
- バターは室温に戻しておく。
- 薄力粉、ベーキングパウダー、重曹は合わせてふるっておく。
- メレンゲの卵白は冷蔵庫で冷やしておく。
- 型の側面の内側にバター（分量外）をぬって冷蔵庫で冷やし、バターがかたまったら強力粉（分量外）をふり、底にオーブンシートを敷いておく。
- オーブンは180℃に予熱しておく。

1 バナナは皮をむいてフォークなどでペースト状になるまでつぶし、ラム酒を加えて混ぜる。

2 ボウルに卵黄と生クリームを入れ、ヘラで混ぜ合わせる。

3 別のボウルにバターを入れてヘラで練り、塩ときび糖を加え、ハンドミキサーで白っぽくなるまで混ぜる。**2**を2回に分けて加えて混ぜる。

4 メレンゲを作る。ボウルに卵白を入れ、グラニュー糖を3回に分けて加えながら、角が立つまでしっかりと泡立てる。

5 **3**に**1**のバナナとふるった粉類の⅓量を入れる。バナナと粉類を同時に加えるのがポイント。

6 ゴムベラで混ぜ込むようにしてなじませる。

7 メレンゲの½量を加えて混ぜ、残りの粉類を加えて混ぜ、残りのメレンゲを加えて混ぜる。

8 チョコチップを加えて混ぜ合わせ、型に流し入れてならし、中心を少しくぼませ、型の底を手でたたいて空気を抜く。

9 180℃のオーブンで40〜50分焼く。ケーキクーラーの上で5分おき、型から出して冷ます。粉糖をふり、バナナチップを散らす。

クランブルバナナケーキ

粉類の中にほかの材料を混ぜていくだけの簡単手順の、
あっさりとしたバナナケーキ。
カソナードを使ったクランブルがコクを添えます。

クランブルバナナケーキを切って器
に盛り、バニラアイスクリームをの
せてバナナの輪切りを添え、はちみ
つをかけて。

材料 21×8.7×高さ6cmのパウンド型1台分

薄力粉 110g

ベーキングパウダー 5g

重曹 1g

シナモンパウダー 1g

塩 1つまみ

グラニュー糖 40g

バター（食塩不使用）..... 50g

卵黄 1個分

全卵 70g

バナナ（ほどよく熟したもの）..... 70g

サワークリーム 30g

クルミ 50g

クランブル

バター（食塩不使用）..... 10g

カソナード 10g

薄力粉 10g

塩 2つまみ

アーモンドパウダー（皮つき）..... 15g

準備

- すべてのバターは室温に戻し、生地に使用するバターはラップに包んで指でもんでやわらかくしておく。
- クルミは150℃のオーブンで10分ほどローストして冷まし、刻んでおく。
- 型の側面の内側にバター（分量外）をぬって冷蔵庫で冷やし、バターがかたまったら強力粉（分量外）をふり、底にオーブンシートを敷いておく。
- オーブンは180℃に予熱しておく。

1 クランブルを作る。ボウルにすべての材料を入れ、手で混ぜる。

2 もみ込むようにしてなじませる。クランブルの完成。

3 薄力粉、ベーキングパウダー、重曹、シナモンパウダー、塩、グラニュー糖は合わせてボウルにふるい入れる。

4 バナナは皮をむいてフォークなどでペースト状になるまでつぶす。別のボウルに卵黄、全卵を入れ、バナナを加える。

5 サワークリームを加えて混ぜ合わせる。

6 3のボウルにバターを加え、5を入れ、少し白っぽくなるまで、泡立て器で混ぜ合わせる。

7 クルミを入れて混ぜ、型に流し入れてならす。

8 クランブルをのせ、180℃のオーブンで25分焼く。ケーキクーラーの上で5分おき、型から出して冷ます。

パンプキンパウンド

ふわっとしっとり、ほかにはない独特な食感が魅力のかぼちゃケーキ。
バナナを入れるのが隠し味。
生地に好みでシナモンやカルダモンを加えても。

► 作り方は p.54

キャロットパウンド

私のキャロットケーキは、数種類のドライフルーツを
チーズクリームとともに飾るのが定番。
見た目が華やかになるだけでなく、味にも奥行きが出ます。

► 作り方は p.55

パンプキンパウンド

材料 17×8×高さ6cmのパウンド型 1 台分

かぼちゃ ..... 約 ⅛ 個
　（蒸してつぶしたもの 50g）
バナナ（ほどよく熟したもの）..... 40g
レモンの皮のすりおろし ..... ½ 個分
サワークリーム 20g
全卵 40g
薄力粉 90g
コーンスターチ 10g
ベーキングパウダー 5g
塩 1g
カソナード 110g
バター（食塩不使用）..... 70g

仕上げ用
| 粉糖、かぼちゃの種
| 　..... 各適量

準 備

● かぼちゃは皮、種とワタを取ってやわらかく蒸し、フォークなどでつぶす。つぶしたものを 50g 用意する。
● バターは室温に戻しておく。
● 全卵は溶いておく。
● 型の側面の内側にバター（分量外）をぬって冷蔵庫で冷やし、バターがかたまったら強力粉（分量外）をふり、底にオーブンシートを敷いておく。
● オーブンは 180℃に予熱しておく。

1　バナナは皮をむいてフォークでつぶしてペースト状にする。ボウルに、蒸してつぶしたかぼちゃを入れ、バナナを加えてヘラで混ぜる。

2　サワークリームとレモンの皮のすりおろしを加えて混ぜ、全卵を加え、なめらかになるまでよく混ぜる。

3　別のボウルに薄力粉、コーンスターチ、ベーキングパウダー、塩を合わせてふるい入れ、カソナードも加えて混ぜる。

4　バターをラップに包んで指でもんでやわらかくし、別のボウルに入れ、ゴムベラでマヨネーズくらいのやわらかさに練り、**3** に加える。

5　**4** に **2** を加えて、泡立て器で混ぜる。

6　ハンドミキサーに替え、低速で混ぜはじめ、材料が混ざったら中速にして、白っぽくなるまで混ぜる。最後にゴムベラで整える。

7　型に流し入れてならし、型の底を手でたたいて空気を抜く。180℃のオーブンで 30 分焼き、170℃に下げて 10 分焼く。

8　ケーキクーラーの上で 5 分おき、型から出して冷ます。仕上げに粉糖をふってかぼちゃの種を飾る。

キャロットパウンド

材料 17×8×高さ6cmのパウンド型 1 台分

にんじん 50g
バナナ（ほどよく熟したもの）..... 40g
パイナップル（缶詰）..... 2 枚（約 150g）
レモンの皮のすりおろし ..... 1 個分
黒糖酒 ..... 大さじ 1
卵黄 ..... 1 個分
全卵 60g
グラニュー糖 40g
きび糖 30g
ヘーゼルナッツオイル 40mℓ
薄力粉 100g
シナモンパウダー 1g
ジンジャーパウダー、
　クローブパウダー、
　カルダモンパウダー ..... 各少々
塩 ..... 2 つまみ
ベーキングパウダー 0.6g
ベーキングソーダ 4.5g
ピーカンナッツ 40g

トッピング

バター（食塩不使用）..... 20g
グラニュー糖 20g
クリームチーズ 60g
レモンの皮のすりおろし ..... 少々
好みのドライフルーツ* ..... 適量

*ドライフルーツ
あんず、ゴールドレーズン、クランベリー、いちじく、洋なし。メロン、オレンジ、グリーンレモンなどのフルーツコンフィ。

準備

- 薄力粉、シナモンパウダー、ジンジャーパウダー、クローブパウダー、カルダモンパウダー、塩、ベーキングパウダー、ベーキングソーダは合わせてボウルにふるっておく。
- ピーカンナッツは160℃のオーブンで 10 分ほどローストし、冷ます。
- 型にオーブンシートを敷いておく。
- オーブンは180℃に予熱しておく。

1 にんじんは小さめに切ってフードプロセッサーで撹拌して細かくし、パイナップルとバナナを加えてさらに撹拌し、ペースト状にする。

2 ボウルに移し、レモンの皮のすりおろし、黒糖酒の順に加えてゴムベラで混ぜる。

3 別のボウルに卵黄と全卵を入れて溶き、グラニュー糖、きび糖を加えて泡立て器で混ぜ、ヘーゼルナッツオイルを少しずつ加えて乳化させる。

4 ふるった粉類に **3** を加え、**2** も入れ、泡立て器で混ぜ合わせる。

5 ピーカンナッツを刻んで加え、混ぜる。

6 型に流し入れてならし、180℃のオーブンで 20 分焼き、170℃に下げて 10 分焼く。ケーキクーラーの上で 5 分おき、型から出して冷ます。

7 トッピングを作る。バターをハンドミキサーで混ぜ、グラニュー糖を加えてさらに混ぜ、白っぽくなったらクリームチーズを加えて混ぜる。

8 **6** に **7** をぬり、レモンの皮のすりおろしをふり、ドライフルーツを小さく切って散らす。冷蔵庫で冷やして落ち着かせる。

材料 21×8.7×高さ6cmのパウンド型1台分

和栗のペースト（作りやすい分量）

　和栗（ゆでて実をくり抜いたもの）..... 正味150g

　グラニュー糖 20g

　牛乳 30g

　バター（食塩不使用）..... 5g

バター（食塩不使用）..... 85g

きび糖 80g

卵黄 1個分

全卵 60g

薄力粉 60g

ベーキングパウダー 3g

コーンスターチ 20g

アーモンドパウダー 20g

ラム酒 ..... 10㎖

仕上げ用粉糖 ..... 適量

和栗のパウンド

栗の時季が始まると、作らずにはいられないほど大好きな焼き菓子です。
栗のペーストを作って生地の中に練り込み、
さらにこのペーストを丸めて、栗きんとんが入っているイメージで
大胆に生地の中に入れて焼き込みます。

準備

- すべてのバターは室温に戻しておく。
- 全卵は溶いておく。
- 薄力粉、ベーキングパウダー、コーンスターチは合わせてふるっておく。
- 型の側面の内側にバター（分量外）をぬって冷蔵庫で冷やし、バターがかたまったら強力粉（分量外）をふり、底にオーブンシートを敷いておく。
- オーブンは180℃に予熱しておく。

1 和栗のペーストを作る。鍋にバター以外の材料を入れて火にかけ、混ぜながら汁気を飛ばす。火を止め、バターを加えて混ぜる。

2 バットに広げて入れ、熱いうちにぴったりとラップをかぶせ、冷ます。

3 ボウルにバターを入れてヘラで練り、きび糖を加えて混ぜ、ハンドミキサーで白っぽくなるまで混ぜる。卵黄を加えて混ぜる。

4 アーモンドパウダーを加えて混ぜ、全卵を少しずつ加えて混ぜ、和栗のペースト40gを加えて混ぜ合わせる。

5 ふるった粉類を加え、ゴムベラで混ぜる。

6 ラム酒を加えて混ぜ合わせる。

7 型に6の½量を流し入れてならし、中心を少しくぼませ、和栗のペーストの⅓量を4cm大に丸めて生地の上にのせる。

8 残りの生地を入れ、型の底を手でたたいて空気を抜く。

9 残りの和栗のペーストを4cm大に丸めて生地の上にのせる。180℃のオーブンで30分焼き、160℃に下げて5分焼く。

10 ケーキクーラーの上で5分おき、型から出して冷ます。仕上げに粉糖をふる。

栗とあずきのショコラパウンド

アシスタント時代に師匠のもとで繰り返し学んだのが、このお菓子。
贅沢に栗の渋皮煮、あずきもたっぷり入れて焼き上げて、さらに、
仕上げのシロップでコーティングするので、独特のしっとり感が出ます。

材料 21×8.7×高さ6cmのパウンド型 1 台分
製菓用ビターチョコレート 30g
牛乳 60mℓ
アーモンドパウダー 25g
粉糖 20g
全卵 100g
バター（食塩不使用）..... 75g
グラニュー糖 80g
ゆであずき（市販）..... 100g
薄力粉 90g
ココアパウダー 20g
ベーキングパウダー 4g
栗の渋皮煮 ..... 7 個
ナパージュ
　あんずジャム 20g
　水 45mℓ
　グラニュー糖 20g
　ラム酒 5mℓ
　板ゼラチン 3g

準 備

- バターは室温に戻しておく。
- 全卵は溶いておく。
- 薄力粉、ココアパウダー、ベーキングパウダーは合わせてふるっておく。
- 栗の渋皮煮は半分に切っておく。
- 型にオーブンシートを敷いておく。
- オーブンは 170℃に予熱しておく。

1 ボウルにチョコレートを入れ、牛乳を温めて加え、10秒ほど待ってから泡立て器で混ぜ、チョコレートを溶かす。そのまま冷ます。

2 別のボウルにアーモンドパウダーと粉糖を入れ、全卵を大さじ2だけ加えて、ヘラで練る。

3 バターを加えてハンドミキサーで混ぜ、なめらかになったらグラニュー糖を加え、白っぽくなるまで混ぜる。

4 残りの卵を4回に分けて加える。途中分離しそうであれば、ふるった粉適量を加える。あずきを加えて混ぜ、ゴムベラで混ぜる。

5 ふるった粉類の½量を加えて混ぜる。

6 1の½量を加えて混ぜ、残りの粉類、残りの1の順に交互に加えて、そのつど混ぜ合わせる。

7 型に6の生地の½量を入れ、栗の渋川煮を並べ入れ、残りの生地を入れる。170℃のオーブンで25分焼き、160℃に下げて15分焼く。

8 ナパージュを作る。ゼラチンは氷水の中に入れてふやかす。ラム酒とゼラチン以外の材料を鍋に入れて火にかけ、泡立て器で混ぜる。

9 きれいに溶けたら火を止めてラム酒を加え、ゼラチンを加えて溶かし、そのまま冷ます。

10 7が焼き上がったら型から出し、熱いうちにナパージュを刷毛でぬり、そのまま冷ます。

アーモンドプラリネの
バターケーキ

便利なことに製菓材料店で少量パックのナッツペーストが売られています。
このペーストの濃厚なおいしさを利用すると、簡単においしい生地が作れます。

材料　17×8×高さ6cmのパウンド型1台分
バター（食塩不使用）..... 70g
グラニュー糖 70g
卵黄 1個分
全卵 60g
薄力粉 60g
強力粉 20g
ベーキングパウダー ..... 3g
アーモンドプラリネペースト
　（市販。右写真参照）..... 30g
アーモンド（生）..... 30g

準備
- バターは室温に戻しておく。
- 全卵は溶いておく。
- 薄力粉、強力粉、ベーキングパウダーは合わせてふるっておく。
- 型の側面の内側にバター（分量外）をぬって冷蔵庫で冷やし、バターがかたまったら強力粉（分量外）をふり、底にオーブンシートを敷いておく。
- オーブンは180℃に予熱しておく。

1 ボウルにバターを入れてヘラで練り、グラニュー糖を加えて混ぜ、ハンドミキサーで白っぽくなるまで混ぜる。

2 卵黄を加えて混ぜる。

3 全卵を3回に分けて加え、そのつど混ぜる。

4 アーモンドプラリネペーストを加える。

5 ハンドミキサーでしっかりと混ぜ合わせる。

6 ふるった粉類を加え、ゴムベラで混ぜる。

7 型に流し入れてならし、アーモンドをのせる。型の底を手でたたいて空気を抜く。

8 180℃のオーブンで30分焼き、170℃に下げて10分焼く。ケーキクーラーの上で5分おき、型から出して冷ます。

ヘーゼルナッツプラリネのバターケーキ

ナッツペーストはクリームに混ぜても抜群のおいしさ。
ここではヘーゼルナッツクリームを絞り出し、ケーキ仕立てにして楽しみます。

材料 17×8×高さ6cmのパウンド型 1 台分

バター（食塩不使用）..... 75g

グラニュー糖 80g

卵黄 ..... 1 個分

全卵 60g

薄力粉 60g

ベーキングパウダー 3g

コーンスターチ 20g

ヘーゼルナッツプラリネペースト
（市販。右写真参照）..... 30g

ヘーゼルナッツ 50g

ヘーゼルナッツクリーム

生クリーム（乳脂肪分 35%）..... 200ml

製菓用ビターチョコレート 40g

ヘーゼルナッツプラリネペースト 10g

ラム酒 ..... 小さじ 1

準 備

- バターは室温に戻しておく。
- 全卵は溶いておく。
- 薄力粉、ベーキングパウダー、コーンスターチは合わせてふるっておく。
- ヘーゼルナッツは 160℃のオーブンで 10 分ほどローストし、ざっと刻んでおく。
- 型の側面の内側にバター（分量外）をぬって冷蔵庫で冷やし、バターがかたまったら強力粉（分量外）をふり、底にオーブンシートを敷いておく。
- オーブンは 180℃に予熱しておく。

1 ヘーゼルナッツクリームを作る。ボウルにチョコレートとヘーゼルナッツプラリネペーストを入れ、沸騰させた生クリームを加える。

2 スティックミキサーで撹拌してなめらかにし、仕上げにラム酒を加えて混ぜる。

3 バットに移し、ラップを表面に張り、その上から保冷剤をのせて素早く冷やす。粗熱が取れたら、冷蔵庫で 3 時間以上冷やす。

4 ボウルにバターを入れてヘラで練り、グラニュー糖を加えて混ぜ、ハンドミキサーで白っぽくなるまで混ぜる。卵黄を加えて混ぜる。

5 全卵を 3 回に分けて加え、そのつど混ぜ、ヘーゼルナッツプラリネペースト、ふるった粉類の順に加えて混ぜる。

6 型に流し入れてならし、ヘーゼルナッツ 30g をのせ、180℃のオーブンで 25 分焼き、170℃に下げて 15 分焼く。型から出して冷ます。

7 3をボウルに移してハンドミキサーで泡立て直し、星口金をつけた絞り袋に入れる。

8 6を切り分けて器に盛り、7を絞り出し、残りのヘーゼルナッツをのせる。

ピスタチオのバターケーキ

ジェラート屋に行くと必ずピスタチオを選んでしまう、ピスタチオ好き。
アングレーズソースも作って、ピスタチオと相性のよいラズベリーとともに一皿に。

器にピスタチオのアングレーズソー
スを敷き、ピスタチオのバターケー
キを切ってのせ、ラズベリーとピス
タチオを飾って。

材料　17×8×高さ6cmのパウンド型1台分

バター（食塩不使用）..... 70g

グラニュー糖 70g

卵黄 1個分

全卵 60g

ピスタチオペースト（市販。右写真参照）..... 20g

薄力粉 60g

コーンスターチ 20g

ピスタチオ 10g

ピスタチオのアングレーズソース（作りやすい分量）

　卵黄 2個分

　グラニュー糖 40g

　ピスタチオペースト 10g

　牛乳 250ml

準備

- バターは室温に戻しておく。
- 全卵は溶いておく。
- 薄力粉とコーンスターチは合わせてふるっておく。
- 型の側面の内側にバター（分量外）をぬって冷蔵庫で冷やし、バターがかたまったら強力粉（分量外）をふり、底にオーブンシートを敷いておく。
- オーブンは180℃に予熱しておく。

1　ボウルにバターを入れてヘラで練り、グラニュー糖を加え、ハンドミキサーで白っぽくなるまで混ぜる。ピスタチオペーストを加える。

2　しっかりと混ぜ合わせ、卵黄を加えて混ぜ、全卵を3回に分けて加え、そのつど混ぜる。

3　ふるった粉類を加え、ゴムベラで混ぜる。型に流し入れてならす。

4　ピスタチオを散らし、180℃のオーブンで30分焼き、170℃に下げて10分焼く。ケーキクーラーの上で5分おき、型から出して冷ます。

5　ピスタチオのアングレーズソースを作る。ボウルに卵黄とグラニュー糖を入れ、泡立て器でよく混ぜる。

6　鍋にピスタチオペーストと牛乳を入れて火にかけ、ヘラで混ぜながら溶かす。これを5のボウルに少しずつ加えながら泡立て器で混ぜる。

7　鍋に戻して再び火にかけ、沸騰させないように注意しながら、ゆるいとろみがつくまで加熱する。

8　万能漉し器で漉してボウルに入れ、ボウルの底を氷水に当てながら冷やす。ピスタチオのバターケーキに添える。

材料 25×8×高さ8cmのパウンド型 1 台分

チャツネ（作りやすい分量。約 700g 分）

　オレンジ ..... ½ 個
　りんご ..... 2 個
　レーズン 250g
　バター（食塩不使用）..... 50g
　グラニュー糖 100g
　水 150mℓ
　バナナ 100g
　ラム酒 ..... 大さじ 2

バター（食塩不使用）180g
グラニュー糖 160g
卵黄 ..... 1 個分
全卵 ..... 2 個
薄力粉 180g
ベーキングパウダー ..... 小さじ 1
サルタナレーズンのラム酒漬け* 30g
ドライプルーン 40g
クルミ 30g
ラム酒 15mℓ
仕上げ用ラム酒 40mℓ

＊サルタナレーズンのラム酒漬け
サルタナレーズン 30g を湯洗いし、ザルに上げて水
気をきり、ラム酒大さじ 1 に浸して 15 分以上おく。

枝つきのレーズン、ドライりんごや
ドライプルーンを飾って。

チャツネ入りフルーツケーキ

16歳の頃から作っている私の原点、自慢のスペシャリテ。
チャツネは今も飽きることなく、作っては、冷蔵庫でねかせています。
生地に練り込むチャツネのおかげで、
生地全体にフルーツのうまみが広がります。

準備

- チャツネに使うレーズンは湯洗いする。
- 生地に使うバターは室温に戻しておく。
- 全卵は溶いておく。
- 薄力粉とベーキングパウダーは合わせてふるっておく。
- ドライプルーンは5mm角に切っておく。
- クルミは160℃のオーブンで10分ほどローストして冷まし、手で割っておく。
- 型の側面の内側にバター（分量外）をぬって冷蔵庫で冷やし、バターがかたまったら強力粉（分量外）をふり、底にオーブンシートを敷いておく。
- オーブンは180℃に予熱しておく。

1 チャツネを作る。りんごは皮をむいて薄いいちょう切りにする。オレンジは皮ごとざく切りにしてフードプロセッサーで細かくする。

2 鍋にバターを入れて火にかけ、1、グラニュー糖を加えて混ぜ、香りが出てフツフツしてきたら半量の水を加え、ふたをして蒸し煮する。

3 バナナをちぎって入れ、レーズンを加え、ふたをしてバナナの形がなくなるまでゆっくりと火を通す。途中、残りの水を加える。

4 ふたを取り、混ぜながら汁気を飛ばす。煮詰まってかたさが出たら、仕上げにラム酒を加える。

5 保存容器に入れて、密閉性の低いふた、もしくはラップをする。冷蔵庫で3ヶ月保存可。ここで使うのは200g。残ったら冷凍も可。

6 ボウルにバターを入れてヘラで練り、グラニュー糖を加えて混ぜ、ハンドミキサーで白っぽくなるまで混ぜる。

7 卵黄を加えて混ぜ、全卵を少しずつ加えて混ぜ合わせ、5のチャツネ200gを加えて混ぜる。

8 サルタナレーズンのラム酒漬け、ドライプルーン、クルミを加え、ゴムベラで混ぜ合わせる。

9 ふるった粉類、ラム酒を入れて混ぜ合わせる。型に流し入れてならし、中心を少しくぼませる。型の底を手でたたいて空気を抜く。

10 180℃のオーブンで50分、170℃に下げて20分、さらに160℃で15分焼く。5分ほど冷ましてから型から出し、ラム酒をぬる。

材料 21×8.7×高さ6cmのパウンド型 1 台分
バター（食塩不使用）..... 100g
カソナード 100g
卵黄 ..... 1 個分
全卵 80g
薄力粉 140g
ベーキングパウダー 4g
ミックススパイス（作りやすい分量）
- シナモンパウダー ..... 大さじ 2
- カルダモンパウダー ..... 小さじ 1
- ジンジャーパウダー ..... 小さじ ¼
- ナツメグパウダー ..... 小さじ ¼
- クローブパウダー ..... 小さじ ¼
レーズンのラム酒漬け＊ 60g
ドライあんず 20g
オレンジピール（棒状のもの）..... 30g
アンゼリカ 20g
チェリーの砂糖漬け 30g
ジャムシロップ
- あんずジャム 70g
- 水 30mℓ
- ラム酒 30mℓ

＊レーズンのラム酒漬け
レーズン 60g を湯洗いし、ザルに上げて水気をきり、
ラム酒大さじ 3 に浸して 15 分以上おく。

フランス風フルーツケーキ

フルーツケーキに格別に思い入れがあるから、
作ることも食べることも好き。私の中のフランスでみる
フルーツケーキは、こんなイメージです。

準備

- バターは室温に戻しておく。
- 全卵は溶いておく。
- ドライあんずは湯洗いし、ザルに上げて水気をきり、1cm角に切っておく。
- 型の側面の内側にバター（分量外）をぬって冷蔵庫で冷やし、バターがかたまったら強力粉（分量外）をふり、底にオーブンシートを敷いておく。
- オーブンは180℃に予熱しておく。

1 ミックススパイスの材料は混ぜ合わせ、小瓶などに入れておく。ここで使うのは2g。

2 ボウルにバターを入れてヘラで練り、カソナードを加えて混ぜ、ハンドミキサーで白っぽくなるまで混ぜる。卵黄を加えて混ぜる。

3 全卵を少しずつ加えて混ぜ、薄力粉、ベーキングパウダー、**1**を合わせてふるい入れて混ぜる。途中、レーズンのラム酒漬けを加える。

4 粉が見えなくなるまで混ぜ合わせたら、ドライあんずを加えて混ぜる。

5 型に**4**の½量を流し入れてならし、オレンジピール、アンゼリカ、チェリーの砂糖漬けを並べてのせ、残りの**4**を入れる。

6 180℃のオーブンで30分焼き、170℃に下げて20分焼く。竹串を刺してまだ焼けていないようであれば160℃で8分焼く。

7 ジャムシロップを作る。鍋にあんずジャムと水を入れ、混ぜながら火にかけ、沸騰したら火を止めてラム酒を加えて混ぜる。

8 **6**が焼けたらケーキクーラーの上で5分おき、型から出し、熱いうちに**7**を刷毛でぬり、そのまま冷ます。オレンジピール、アンゼリカ、チェリーの砂糖漬け（各分量外）をのせる。

材料 17×8×高さ6cmのパウンド型2台分

ミンスミート（17cmのパウンド型4台分）

　カレンズ 100g

　ドライプルーン 100g

　ドライあんず 100g

　ブラウンシュガー 50g

　レモンの皮のすりおろし ..... ¼ 個分

　りんごのみじん切り ..... ¼ 個分

　ラム酒 400mℓ

　オレンジジュース（果汁100%）..... 50mℓ

　溶かしバター 50g

バター（食塩不使用）100g

ブラウンシュガー 100g

卵黄 ..... 1 個分

全卵 60g

薄力粉 140g

ベーキングパウダー 3g

ベーキングソーダ 3g

シナモンパウダー 3g

ミックススパイス（p.68 参照）..... 小さじ ½

アーモンドパウダー 100g

クルミ 30g

仕上げ用黒糖酒 ..... 100mℓ（1 本あたり 50mℓ）

イギリス風フルーツケーキ

ミンスミートって何 ?!　中学生の頃、本で初めて読んで調べたことを思い出します。
ここでは、自家製ミンスミートを使ってフルーツケーキを焼き上げます。
ブランデーバターの代わりにラム酒バターを添え、
クリスマスプディングさながらに。

準 備（※ミンスミートは別。作り方1～4参照）

- バターは室温に戻しておく。
- 全卵は溶いておく。
- 薄力粉、ベーキングパウダー、ベーキングソーダ、シナモンパウダー、ミックススパイスは合わせてふるっておく。
- クルミは150℃のオーブンでローストし、5mm角に刻んでおく。
- 型の側面の内側にバター（分量外）をぬって冷蔵庫で冷やし、バターがかたまったら強力粉（分量外）をふり、底にオーブンシートを敷いておく。
- オーブンは180℃に予熱しておく。

1　ミンスミートの材料。カレンズ、ドライプルーン、ドライあんずはそれぞれ湯洗いし、ドライプルーンとドライあんずはみじん切りにする。

2　ボウルにミンスミートのすべての材料を入れ、ヘラで混ぜ合わせる。

3　保存容器に移してふたをし、冷蔵庫で2週間以上ねかせる。冬場は室温でいい。

4　2週間～1ヶ月ほどねかせるとこんな感じ。ここで使うのは、汁気をきったミンスミート300gと漬け汁40㎖。別々にしておく。

5　ボウルにバターを入れてヘラで練り、ブラウンシュガーを加えてハンドミキサーで混ぜ、アーモンドパウダー、卵黄の順に加えて混ぜる。

6　全卵を少しずつ加えて混ぜ、ふるった粉類の½量を加えてゴムベラで混ぜ、汁気をきったミンスミートを加えて混ぜる。

7　残りの粉類を加え、まとまってきたらミンスミートの漬け汁を入れ、粉が見えなくなるまで混ぜる。仕上げにクルミを加えて混ぜる。

8　型に流し入れてならし、型の底を手でたたいて空気を抜き、180℃のオーブンで40分焼き、170℃に下げて20分焼く。

9　ケーキクーラーの上で5分おき、型から出し、仕上げに黒糖酒を刷毛でぬる。冷めたら、乾燥しないようにラップで包み、10日以上おいて熟成させる。

イギリス風フルーツケーキを切り、ラムバターをのせて。

ラムバター（作りやすい分量）
バター（食塩不使用）100gをやわらかく練り、粉糖40gを加えて泡立て器で空気を入れるようにして混ぜ、ラム酒30㎖を少しずつ加えて混ぜる。

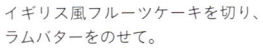

溶かしバターで作るフルーツケーキ

溶かしバターを使うと、マドレーヌみたいにしっとり。
生地にドライフルーツを加えたら、泡立て器でドライフルーツをつぶすようにして
生地にフルーツのうまみを移すこと。これがおいしさのポイントです。

材料 21×8.7×高さ6cmのパウンド型1台分
バター（食塩不使用）110g
全卵 90g
薄力粉 120g
粉糖 120g
ベーキングパウダー 3g
ドライフルーツ
  レーズン 20g
  ドライプルーン 40g
  ドライいちじく 30g
  ドライあんず 40g
ラム酒 大さじ2
クルミ 60g
仕上げ用シロップ
  水 20mℓ
  グラニュー糖 10g
  ラム酒 10g

準備
- バターは湯せんで溶かし、使う直前まで温めておく。
- 全卵は溶いておく。
- 薄力粉、粉糖、ベーキングパウダーは合わせてボウルに
  ふるっておく。
- クルミは160℃のオーブンで10分ほどローストして冷
  まし、手で割っておく。ドライフルーツは湯洗いする。
- 型の側面の内側にバター（分量外）をぬって冷蔵庫で冷
  やし、バターがかたまったら強力粉（分量外）をふり、
  底にオーブンシートを敷いておく。
- オーブンは160℃に予熱しておく。

1 ドライプルーン、ドライいちじく、ドライあんずは1cm角くらいに刻む。ボウルに入れ、レーズンも入れ、ラム酒を加えて混ぜ合わせる。

2 ふるった粉類に全卵を一度に入れ、真ん中から泡立て器で混ぜていく。途中、溶かしバターの ½ 量を加えて混ぜる。

3 残りの溶かしバターを加えて混ぜ合わせる。

4 1をラム酒ごと加え、混ぜ合わせる。

5 ドライフルーツを泡立て器でたたくようにして生地にフルーツをなじませる。

6 クルミを加えて混ぜ、型に流し入れてならす。160℃のオーブンで50分焼く。

7 仕上げ用シロップを作る。鍋にグラニュー糖と水を入れて沸騰させ、火を止めてラム酒を加えて冷ます。6が焼けたら、このまま5分おく。

8 型から出し、熱いうちに7のシロップを刷毛でぬり、そのまま冷ます。

あんずとアーモンドの
パウンドケーキ

ドライあんずはゆでてふっくらとさせてから、リキュールに漬け込むと、
ふくよかな味になります。この一手間で生地のおいしさがぐんとアップします。

材料 17×8×高さ6cmのパウンド型1台分

バター（食塩不使用）..... 90g

ブラウンシュガー 70g

アーモンドパウダー 25g

全卵 75g

薄力粉 45g

コーンスターチ 25g

ベーキングパウダー 1g

ドライあんず 10枚くらい

グランマルニエ 大さじ3

アーモンドスライス 約30g

仕上げ用

あんずのシロップ煮（半割りのもの。市販）..... 適量

ミント ..... 適量

準備

● バターは室温に戻しておく。

● 全卵は溶いておく。

● 薄力粉、コーンスターチ、ベーキングパウダーは合わせ
　てふるっておく。

● オーブンは180℃に予熱しておく。

1　ドライあんずは10分ほ
どゆで、ふっくらとしたらザル
に上げて湯きりする。ボウ
ルに移し、グランマルニエを
加えて漬ける。

2　型の準備。型の内側全面
にバター（分量外）をぬり、
アーモンドスライスを貼りつ
け、冷蔵庫に入れて冷やす。

3　ボウルにバターを入れて
ヘラで練り、ブラウンシュガ
ーを加えてハンドミキサーで
混ぜ、アーモンドパウダーを
加えて混ぜる。

4　全卵を3回に分けて加
え、そのつど混ぜる。

5　ふるった粉類を加えてゴ
ムベラで混ぜ、まとまってき
たら**1**のあんずの漬け汁があ
れば加え、粉が見えなくなる
まで混ぜ合わせる。

6　型に**5**の生地の½量を
流し入れてならし、あんずを
並べる。

7　残りの生地を入れてなら
し、型の底を手でたたいて空
気を抜き、180℃のオーブン
で30分焼き、170℃に下げ
て10分焼く。

8　ケーキクーラーの上で5
分おき、型から出して冷ます。
あんずのシロップ煮をのせ、
ミントを飾って仕上げる。

プラムケーキ

製菓学校卒業後に就職したお菓子屋さんで出会ったパウンド。
昔の記憶にアレンジを加え、繰り返し作っているうちに、
私の中の定番になりました。
オーブンが強くてどうしても上面にのせたプルーンが焦げる場合は、
上ではなく、生地の中に入れて焼いても。

材料 17×8×高さ6cmのパウンド型 1 台分

バター（食塩不使用）..... 90g

グラニュー糖 90g

卵黄 ..... 1 個分

全卵 60g

アーモンドパウダー 20g

薄力粉 90g

ベーキングパウダー 3g

生クリーム ..... 10㎖

プラムの赤ワイン煮（作りやすい分量。2 台分）

干しプラム（種抜き）..... 220g

赤ワイン ..... 110㎖

グラニュー糖 50g

八角 ..... 1 個

シナモンスティック ..... ½ 本

仕上げ用あんずジャム* ..... 適量

＊仕上げ用あんずジャム
あんずジャム（製菓用の裏漉しした状態のもの）40g、オレンジ果汁 60㎖を鍋に入れて中火にかけ、沸騰したら弱火にして 5 分ほど煮詰める。火を止めて冷ます。

準備

- バターは室温に戻しておく。
- 全卵は溶いておく。
- 薄力粉とベーキングパウダーは合わせてふるっておく。
- 生クリームは室温に出しておく。
- 型にオーブンシートを敷いておく。
- オーブンは180℃に予熱しておく。

1 プラムの赤ワイン煮を作る。干しプラムは湯洗いし、水気をきる。すべての材料を鍋に入れ、落としぶたをして中火にかける。

2 沸騰したら弱火にし、落としぶたをして10分ほど煮る。汁気が少し残るくらいで火を止め、そのまま完全に冷ます。

3 **2**のうちの80gをフードプロセッサーに入れて攪拌し、ペースト状にする。

4 ボウルにバターを入れてヘラで練り、グラニュー糖を加えて混ぜ、ハンドミキサーで混ぜる。

5 アーモンドパウダーを加えて混ぜる。

6 卵黄を加えて混ぜ、全卵を3回に分けて加え、そのつど混ぜる。途中、分離しそうになったら、ふるっておいた粉類を大さじ1ほど加える。

7 **3**のペーストを加え、ゴムベラでしっかりと混ぜる。

8 ふるった粉類を2回に分けて加え、そのつど混ぜ合わせる。最後に生クリームを加えて混ぜる。

9 型に流し入れてならし、プラムの赤ワイン煮6粒を並べる。180℃のオーブンで25分焼き、170℃に下げて25分焼く。

10 ケーキクーラーの上で5分おき、型から出して側面の紙をはがし、仕上げ用あんずジャムを刷毛でぬり、冷ます。

材料 21×8.7×高さ6cmのパウンド型 1 台分

キャラメル
- グラニュー糖 40g
- はちみつ 10g
- バター（食塩不使用）..... 10g
- 生クリーム ..... 60㎖
- 塩 ..... 少々

バター（食塩不使用）..... 100g

粉糖 50g

アーモンドパウダー 90g

はちみつ 20g

卵黄 ..... 2 個分

メレンゲ
- 卵白 ..... 2 個分
- グラニュー糖 25g

薄力粉 55g

仕上げ用キャラメル
- グラニュー糖 40g
- はちみつ 10g
- バター（食塩不使用）..... 10g
- 生クリーム ..... 60㎖
- 塩 ..... 少々

はちみつキャラメルパウンド

はちみつを効かせたキャラメルを混ぜ込むと、生地はしっとり。
日が経つごとにおいしいので、ゆっくりと楽しめます。
キャラメルは作りやすいようにちょっと多め。
余ったらパンにぬって食べても。

準備

- バターは室温に戻しておく。
- 生地に入れるはちみつは湯せんにかけてサラッとさせておく。
  レンジ加熱してもいい。
- 薄力粉はふるっておく。
- メレンゲの卵白は冷蔵庫で冷やしておく。
- 型にオーブンシートを敷いておく。
- オーブンは 160℃に予熱しておく。

1 キャラメルを作る。鍋にグラニュー糖とはちみつを入れて火にかけ、キャラメル色になるまで熱し、火を止めてバター、生クリームを加える。

2 再び火にかけ、好みのキャラメル色にする。塩を加えて混ぜ、ボウルに移して冷ます。

3 ボウルにバターを入れてヘラで練り、粉糖、アーモンドパウダーを加えて混ぜ、はちみつ、卵黄の順に加えてハンドミキサーで混ぜる。

4 冷めた **2** のキャラメルを加えて白っぽくふんわりとするまでよく混ぜる。

5 メレンゲを作る。ボウルに卵白を入れ、グラニュー糖を 3 回に分けて加えながら、角が立つまでしっかりと泡立てる。

6 **4** にメレンゲの ½ 量を加え、ヘラで混ぜる。

7 ふるった薄力粉、残りのメレンゲの順に加えて混ぜ合わせる。

8 型に流し入れてならし、160℃のオーブンで 55 分焼く。ケーキクーラーの上で 5 分おき、型から出してひっくり返して冷ます。

9 作り方 1～2 を参照して仕上げ用キャラメルを作り、キャラメルが冷えかたまる前に **8** の上面にかける。表面をきれいにならす。

パイナップルキャラメルパウンド

生のパイナップルを入れるので少し焼き時間がかかります。
焼き上がりのチェックは、生地に竹串を刺してみて、
生っぽい生地が竹串についてこなくなるまで焼くこと。

► 作り方は p.82

キャラメルりんごのパウンド

りんごのキャラメルソテーとココナッツをたっぷりと入れた、
いつ食べてもおいしいパウンド。
仕上げの糖衣でさらにリッチな味わいになります。

▶ 作り方は p.83

パイナップルキャラメルパウンドを切り、ラズベリークリーム（p.8 参照）とラズベリーを添えて。

パイナップルキャラメルパウンド

材料 21×8.7×高さ6cmのパウンド型 1 台分

キャラメル
| カソナード 40g
| はちみつ 10g
| バター（食塩不使用）..... 10g
| 生クリーム ..... 60㎖
| 塩 ..... 少々
バター（食塩不使用）..... 100g
粉糖 65g
アーモンドパウダー 90g
卵黄 ..... 2 個分

メレンゲ
| 卵白 ..... 2 個分
| グラニュー糖 25g
薄力粉 55g
パイナップル（1.5cm厚さに切ったもの）
　　..... 160g

準 備
- バターは室温に戻しておく。
- 薄力粉はふるっておく。
- パイナップルは一口大に切っておく。
- メレンゲの卵白は冷蔵庫で冷やしておく。
- 型にオーブンシートを敷いておく。
- オーブンは 160℃に予熱しておく。

1 キャラメルを作る。鍋にカソナードとはちみつを火にかけ、キャラメル色になるまで熱する。

2 火を止めてバター、生クリームの順に加え、再び火にかけ、好みのキャラメル色にする。塩を加えて混ぜ、ボウルに移して冷ます。

3 ボウルにバターを入れてヘラで練り、粉糖を加えてハンドミキサーで混ぜ、アーモンドパウダーを加えてさらに混ぜる。

4 卵黄を加えて白っぽくふんわりとするまで混ぜる。

5 冷めた **2** のキャラメルを加えてよく混ぜ合わせる。

6 メレンゲを作る。ボウルに卵白を入れ、グラニュー糖を 3 回に分けて加えながら、角が立つまでしっかりと泡立てる。

7 **5** にメレンゲの ½ 量を加え、ヘラで混ぜる。ふるった薄力粉、残りのメレンゲの順に加えて混ぜ合わせる。型に流し入れてならす。

8 パイナップルをのせ、160℃のオーブンで 1 時間10 分焼く。ケーキクーラーの上で 5 分おき、型から出して冷ます。

キャラメルりんごのパウンド

準備

- りんごは皮をむいて 3mm厚さのいちょう切りにする。
- バターは室温に戻しておく。
- 全卵は溶いておく。
- 薄力粉とベーキングパウダーは合わせてふるっておく。
- 型にオーブンシートを敷いておく。
- オーブンは 180℃に予熱しておく。

材料 17×8×高さ6cmのパウンド型 1 台分

キャラメルりんご

- りんご（紅玉）1 個（正味 150g）
- グラニュー糖 90g
- 水 30ml

バター（食塩不使用）..... 70g
きび糖 60g
ココナッツファイン 30g
全卵 60g
薄力粉 100g
ベーキングパウダー 2,2g
牛乳 ..... 大さじ 1

糖衣

- 粉糖 35g
- ラム酒 ..... 小さじ 2

1 キャラメルりんごを作る。鍋にグラニュー糖と水を入れてキャラメル色になるまで熱し、りんごを加える。

2 少し火を弱め、りんごから汁気が出てくるまでゆっくりと熱し、汁が出てきたら、ときどき混ぜながら 15 分ほど煮る。

3 りんごがやわらかくなったら、バットに移して冷ます。

4 ボウルにバターを入れてヘラで練り、きび糖を加えて混ぜ、ハンドミキサーで白っぽくなるまで混ぜる。全卵を加えて混ぜる。

5 ココナッツファインを加えて混ぜ、ふるった粉類を加え、ゴムベラで混ぜる。

6 少しまとまってきたら牛乳を加え、粉が見えなくなるまで混ぜ合わせる。

7 冷めた **3** を加え、ざっくりと混ぜ合わせる。

8 型に流し入れてならし、180℃のオーブンで 20 分焼き、170℃に下げて 18 分焼く。

9 糖衣を作る。粉糖とラム酒をよく混ぜ合わせる。

10 **8** が焼き上がったら型から出し、熱いうちに糖衣を刷毛でぬり、そのまま冷ます。

ショコラジンジャーパウンド

しょうがとチョコレート、カカオニブを組み合わせた、上品な甘さのケーキ。
しょうがのジャムは新しょうがで作ると理想的です。

材料 17×8×高さ6cmのパウンド型 1 台分

製菓用ビターチョコレート 50g

バター（食塩不使用）..... 60g

グラニュー糖 30g

卵黄 ..... 2 個分

アーモンドパウダー 10g

メレンゲ

| 卵白 ..... 2 個分
| グラニュー糖 30g

薄力粉 60g

ジンジャージャム（作りやすい分量）

| 新しょうが 200g
| きび糖 160g
| レモン果汁 ..... 10㎖

カカオニブ 10g

準備

- 新しょうがは皮をむいて適当な大きさに切り、フードプロセッサーで撹拌してみじん切りにする。
- バターは室温に戻しておく。
- 薄力粉はふるっておく。
- チョコレートは湯せんで溶かしておく。
- メレンゲの卵白は冷蔵庫で冷やしておく。
- 型にオーブンシートを敷いておく。
- オーブンは180℃に予熱しておく。

1 ジンジャージャムを作る。鍋に新しょうがのみじん切り、きび糖、レモン果汁を入れ、そのまま 10 分おく。

2 1を中火にかけ、沸騰したら弱火にし、ときどき混ぜながらとろみがつくまで煮、冷ます。ここでは 60g 使う。

3 ボウルにバターを入れてヘラで練り、グラニュー糖を加えて混ぜ、卵黄、アーモンドパウダーの順に加えてハンドミキサーでよく混ぜる。

4 メレンゲを作る。ボウルに卵白を入れ、グラニュー糖を 3 回に分けて加えながら、角が立つまでしっかりと泡立てる。

5 3のボウルに溶かしたチョコレートを加えて泡立て器で混ぜる。

6 5にメレンゲをひとすくい加えて、混ぜ合わせる。

7 ふるった薄力粉を加え、ヘラで混ぜ、残りのメレンゲを加えて混ぜ合わせる。

8 ジンジャージャム 60g を加えて混ぜ、型に流し入れてならす。

9 カカオニブを散らし、180℃のオーブンで 20 分焼き、170℃に下げて 10 分焼く。

10 ケーキクーラーの上で 5 分おき、型から出して冷ます。

ガトーショコラパウンド

ガトーショコラの表面はもろくてくずれやすいので、
オーブンシートを敷き込んで焼き上げます。
粉が少ない配合のため、焼きたてはふんわりしていても
冷ましている間に真ん中はへこみ、側面はくぼむのが
このお菓子の特徴です。

ガトーショコラパウンドを切って器に盛り、8分立てにした生クリームを添えて。

材料 21×8.7×高さ6cmのパウンド型1台分

製菓用ビターチョコレート 60g
バター（食塩不使用）..... 60g
卵黄 2個分

メレンゲ
| 卵白 60g
| グラニュー糖 60g

薄力粉 25g
粉糖 ..... 適量

準備
- バターは室温に戻しておく。
- メレンゲの卵白は冷蔵庫で冷やしておく。
- 薄力粉はふるっておく。
- 型にオーブンシートを敷いておく。
- オーブンは220℃に予熱しておく。

1 鍋に湯せん用の湯を沸かし、火を止める。ボウルにチョコレートとバターを入れ、湯せんにかけ、そのままおく。

2 チョコレートとバターが溶けたら、泡立て器で混ぜてなめらかにする。

3 メレンゲを作る。ボウルに卵白を入れ、グラニュー糖を3回に分けて加えながら、角が立つまでしっかりと泡立てる。

4 **2**を湯せんからはずし、卵黄を一気に加えて混ぜる。チョコレートが熱くなりすぎた場合は、湯せんからはずして5分ほどしてから加える。

5 **4**にふるった薄力粉を加えて、粉が見えなくなるまで泡立て器で混ぜる。

6 メレンゲの½量を加えて泡立て器で力強く混ぜる。

7 残りのメレンゲを加え、ゴムベラで混ぜ合わせる。

8 型に流し入れてならし、220℃のオーブンで10分焼き、150℃に下げて15分焼く。

9 ケーキクーラーの上で5分おき、型から出して冷ます。仕上げに粉糖をふる。

テリーヌショコラ

軽く冷やして食べてもよし、しっかり冷やして薄く切ってもよし。
塩やこしょうをふったり、生地にスパイスを加えて焼くのもおすすめです。

材料 17×8×高さ6cmのパウンド型 1 台分
製菓用ビターチョコレート 135g
バター（食塩不使用）..... 100g
グラニュー糖 50g
全卵 140g

準備
- バターは室温に戻しておく。
- 型にオーブンシートを敷いておく。
- オーブンは 180℃に予熱しておく。

1 鍋に湯せん用の湯を沸かし、火をごく弱火にする。ボウルにチョコレートとバターを入れ、湯せんにかけて溶かす。

2 湯せんにかけたまま、グラニュー糖を加え、泡立て器で混ぜ合わせる。

3 全卵はよく溶きほぐし、漉し器で漉す。漉したものは約 120g になる。

4 2 に 3 の全卵を少しずつ加えながら混ぜる。

5 卵が混ざり、ツヤが出てとろりとしたら火から下ろす。

6 型に流し入れてならし、180℃のオーブンで 18 分焼く。

7 ケーキクーラーの上でこのまま冷ます。

8 冷めたら、型ごと冷蔵庫で冷やす。

パンデピス

薄切りにしてバターをぬったり、トーストしてチーズやワインとともに楽しんでも。
牛乳にはちみつを加えて温める際には弱火で慎重に。
沸騰させると分離を起こすことがあります。

材料 17×8×高さ6cmのパウンド型1台分
はちみつ 60g
牛乳 ..... 100㎖
薄力粉 120g
塩 1つまみ
グラニュー糖 50g
ミックススパイス（p.68参照）..... 2g
ベーキングパウダー 3g
重曹 2.2g

準備
● 型にオーブンシートを敷いておく。
● オーブンは170℃に予熱しておく。

パンデピスを薄く切り、常温に戻したバターをぬって。

1 鍋にはちみつと牛乳を入れ、沸騰させないように弱火でゆっくりと温める。はちみつが溶けたら火を止め、そのままおいて完全に冷ます。

2 薄力粉、塩、グラニュー糖、ミックススパイス、ベーキングパウダー、重曹をボウルに入れ、泡立て器で混ぜる。

3 **2**を別のボウルにふるい入れる。

4 **3**のボウルに冷ました**1**を加え、中央から混ぜる。

5 ダマができた場合は漉し器で漉し、なめらかな生地にする。

6 ラップをして、そのまま室温で1時間ほど休ませる。

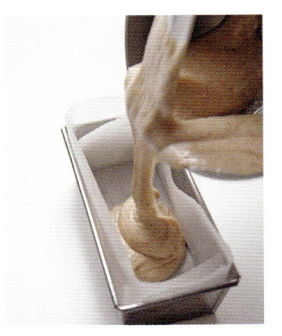

7 型に流し入れてならし、170℃のオーブンで30〜35分焼く。

8 ケーキクーラーの上で5分おき、型から出して冷ます。

全粒粉のパンデピス・ショコラ

クッキーのようなざっくりとしたもの、蒸しパンのようにもっちりとしたもの……、
アルザスにいた頃、さまざまな食感のパンデピスに出会いました。
パンデピスはおもしろいお菓子です。
ここでは全粒粉を使ったものを紹介します。

材料 21×8.7×高さ6cmのパウンド型1台分

ビターチョコレート 40g

はちみつ 40g

バター（食塩不使用）..... 35g

米油（または菜種油）..... 35g

全卵 40g

きび糖 25g

全粒粉薄力粉 125g

ベーキングパウダー 2.2g

ミックススパイス（p.68 参照）..... 1.5g

ジンジャーパウダー 1.5g

サワークリーム 35g

牛乳 10ml

準備

• バターは室温に戻しておく。

• 全卵は溶いておく。

• 全粒粉薄力粉、ベーキングパウダー、ミックススパイス、
  さらにジンジャーパウダーを合わせてふるっておく。

• 型にオーブンシートを敷いておく。

• オーブンは 160℃に予熱しておく。

1 ビターチョコレート、はちみつ、バター、米油はボウルに入れ、湯せんにかけて溶かす。

2 別のボウルに全卵ときび糖を入れ、泡立て器でもったりとするまで泡立てる。

3 別のボウルにサワークリームと牛乳を入れて混ぜ合わせ、室温にする。

4 1のチョコレートが溶けたら湯せんからはずし、ぬるま湯程度の温かさにし、2を加えて混ぜる。

5 ふるった粉類の½量を加えて混ぜる。

6 3を加えて混ぜ合わせる。

7 残りの粉類を加えて混ぜ合わせる。

8 型に流し入れてならし、160℃のオーブンで35分焼く。ケーキクーラーの上で5分おき、型から出して冷ます。

りんごのタタンパウンド

藤野真紀子先生のお菓子は本当にどれも品があってこの上なく贅沢なおいしさ。
その中でも格別に好きなお菓子がこのタタンケーキ。
何度も何度も夢中で作るうちに、
パウンド型で焼くスタイルが私の定番になりました。

材料 17×8×高さ6cmのパウンド型 1 台分

キャラメル
| グラニュー糖 40g
| 水 15ml
りんご（紅玉）..... 2 個
りんご用バター（食塩不使用）..... 10g
アーモンドパウダー 70g
粉糖 60g
全卵 60g
卵黄 ..... 1 個分
ジャム（あんずや柑橘など）..... 20g
バター（食塩不使用）..... 40g
薄力粉 20g
ベーキングパウダー ..... 1 つまみ

りんごのタタンパウンドを切って器に盛り、レモンクリーム（p.8 参照）を添えて。湯で温めたスプーンでレモンクリームをすくうと、表面がきれい。

準備

- りんご用バターは室温に戻しておく。
- りんごは皮をむいて 4 等にして芯をとり、2mm厚さの薄切りにしておく。切りにくい端の方はせん切りにする。
- 全卵と卵黄は合わせて溶いておく。
- 薄力粉とベーキングパウダーは合わせてふるっておく。
- オーブンは 220℃に予熱しておく。

1 キャラメルを作る。鍋にグラニュー糖と水を入れて火にかけ、キャラメル色になったら型に流して底面に行き渡らせ、そのまま冷ます。

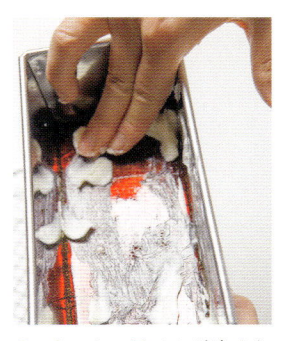

2 **1**のキャラメルが冷めたら、キャラメルの上と型の側面にバター 5g（分量外）をぬる。

3 りんごを 5mmずつずらしながら並べ、合計 4 段重ねにする。せん切りのりんごは 3 段目に入れるようにすると作業性がよい。

4 所々にりんご用バターをちぎってのせ、220℃のオーブンで 10 分焼き、200℃に下げて 10 分焼く。3 時間以上おいてしっかり冷ます。

5 完全に冷めたら、型の側面に再度バター 5g（分量外）をぬる。

6 ボウルにアーモンドパウダーと粉糖を入れ、卵液を加えてハンドミキサーの高速で白くもったりとするまで混ぜる。途中、ジャムを加える。

7 バターを湯せんで溶かし、**6**に少し加えて混ぜ、ふるった粉類を加える。残りの溶かしバターも加えて素早く混ぜ合わせる。

8 **5**に流し入れ、200℃のオーブンで 10 分、180℃に下げて 20 分焼く。様子をみて 170℃で 5 分焼く。ラップをして室温で一晩おく。

9 型の側面にパレットナイフを通して生地が型から離れていることを確認し、手に軍手をはめて、型の底を直火に当てる。

10 上下を返してトレーや器に移す。

材料 25×8×高さ8㎝のパウンド型 1 台分

キャラメル
- グラニュー糖 60g
- 水 ..... 20㎖

洋なし（缶詰）..... 半割り 3 個
洋なし用バター（食塩不使用）..... 15g
アーモンドパウダー（皮つき）..... 100g
粉糖 90g
全卵 120g
ジャム（あんずや柑橘）..... 20g
バター（食塩不使用）..... 60g
薄力粉 30g
ベーキングパウダー ..... 1 つまみ

洋なしのタタンパウンド

キャラメルの中で洋なしが焼けることで、
果汁と相まっておいしくなるのが魅力。りんごのタタンとはまた違ったおいしさ。
缶詰の洋なしで作るので、とても手軽です。

準備

- 洋なし用バターは室温に戻しておく。
- 洋なしは半分の厚さに切る。
- 全卵は溶いておく。
- 薄力粉とベーキングパウダーは合わせてふるっておく。
- オーブンは200℃に予熱しておく。

 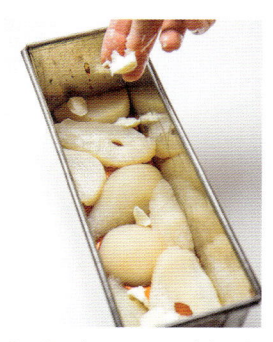  

1 キャラメルを作る。鍋にグラニュー糖と水を入れて火にかけ、キャラメル色になったら型に流して底面に行き渡らせ、そのまま冷ます。

2 1のキャラメルが冷めたら、キャラメルの上を詰めるように洋なしを並べる。所々に洋なし用バターをちぎってのせる。

3 200℃のオーブンで8分焼く。1時間おいてしっかりと冷やす。

4 完全に冷めたら、型の側面にバター5g（分量外）をぬる。

5 ボウルにアーモンドパウダーと粉糖を入れ、全卵とジャムを加えてヘラで混ぜる。

6 ハンドミキサーの高速で、白くもったりするまで空気を入れる。生地がかたいようなら、ボウルの底を直火に少し当てて温める。

7 バターを湯せんで溶かし、少し加えて混ぜる。

8 ふるった粉類を加えて混ぜ、残りの溶かしバターを加えて素早く混ぜ合わせる。

9 4に流し入れ、200℃のオーブンで10分、180℃に下げて20分焼く。様子をみて170℃で5分焼く。ラップをして室温で一晩おく。

10 p.94の作り方9〜10を参照して上下を返してトレーや器に移す。

材料 25×8×高さ8cmのパウンド型 1 台分

キャラメル

| バター（食塩不使用）..... 30g
| ブラウンシュガー 40g

パイナップル（缶詰）..... 3½ 枚

ピーカンナッツ ..... 4 個

黒糖酒 ..... 大さじ 3

バター（食塩不使用）..... 160g

グラニュー糖 150g

卵黄 ..... 1 個分

全卵 ..... 2 個

レモンの皮のすりおろし ..... 1 個分

バニラビーンズ ..... ½ 本

薄力粉 180g

ベーキングパウダー 4g

重曹 1g

サワークリーム 50g

パイナップルのタタンパウンド

サワークリームをたっぷり使ったこの生地が好きなので、
生地の部分を多く、背の高い形にしました。
パイナップルの部分に黒糖酒を足しておくと、きれいに仕上がります。

パイナップルのタタンパウンドに、クレーム・ド・エペ
ス風（p.8 参照）を添えて。

準 備

- すべてのバターは室温に戻しておく。
- 全卵は溶いておく。
- 薄力粉、ベーキングパウダー、重曹は合わせてふるっておく。
- オーブンは 180℃に予熱しておく。

1 キャラメルを作る。型の底と側面にバターをぬり、ブラウンシュガーを入れる。180℃のオーブンで 8 分焼く。

2 かたまるまでそのままおいて冷ます。

3 2にパイナップルを並べ入れ、ピーカンナッツを隙間に入れる。黒糖酒をかけ、型の側面に再度バター 5g（分量外）をぬる。

4 ボウルにバターを入れてヘラで練り、グラニュー糖を加えて混ぜる。ハンドミキサーで白っぽくなるまで混ぜ、卵黄を加えて混ぜる。

5 全卵を 3 回に分けて加え、そのつど混ぜ、レモンの皮のすりおろし、バニラビーンズの種子をしごき出して加え、混ぜ合わせる。

6 ふるった粉類を加え、ゴムベラで混ぜる。

7 サワークリームを別のボウルに入れ、6の適量を加えてなじませる。

8 7を6のボウルに戻し入れ、混ぜ合わせる。

9 3に流し入れてならし、170℃のオーブンで 45 分焼く。ケーキクーラーの上で 5 分おく。

10 上面が盛り上がっていたらナイフで削って平らにし、p.94 の作り方 9 〜 10 を参照して上下を返してトレーや器に移す。

和三盆のサンドケーキ

小麦粉は一切使わず、コーンスターチを主に使った焼き菓子です。
砂のようにさらさらとした食感なのでサンドケーキ。
仕上げに和三盆と塩をふって食べるのがおすすめです。

材料 21×8.7×高さ6cmのパウンド型1台分

バター（食塩不使用）..... 80g

和三盆 80g

コーンスターチ 140g

ベーキングパウダー 3g

全卵 120g

牛乳 大さじ1

仕上げ用

| 和三盆 ..... 適量
| 塩 ..... 少々

準備

- バターはラップに包んで室温に戻しておく。
- 全卵は溶いておく。
- 型の側面の内側にバター（分量外）をぬって冷蔵庫で冷やし、バターがかたまったら強力粉（分量外）をふり、底にオーブンシートを敷いておく。
- オーブンは180℃に予熱しておく。

1 和三盆、コーンスターチ、ベーキングパウダーは合わせてボウルにふるい入れ、真ん中にくぼみをつける。

2 バターはラップの上から手でもむようにしてやわらかくし、**1**のくぼみに入れる。

3 全卵もくぼみに加え、真ん中から泡立て器でよく混ぜていく。

4 粉が見えなくなるまでよく混ぜ合わせる。

5 牛乳を加えて混ぜる。

6 型に流し入れてならし、型の底を手でたたいて空気を抜き、180℃のオーブンで30分焼く。

7 ケーキクーラーの上で5分おき、型から出して冷ます。

8 仕上げに和三盆をたっぷりとふる。食べるときに塩をふる。

ブルーベリーのポピーシードケーキ

シンプルなポピーシード（けしの実）ケーキもいいですが、ここではブルーベリーを
たっぷりと加え、フルーティーに仕上げます。生クリームを添えても。

材料 17×8×高さ6cmのパウンド型1台分

バター（食塩不使用）..... 65g

粉糖 20g

卵黄 2個分

アーモンドパウダー 30g

ポピーシード（黒）..... 30g

薄力粉 40g

シナモンパウダー 1g

レモンの皮のすりおろし ..... ½個分

メレンゲ

| 卵白 1個分
| グラニュー糖 30g

ブルーベリー 60g

仕上げ用粉糖 ..... 適量

準備

● バターは室温に戻しておく。

● 薄力粉、シナモンパウダーは合わせてふるっておく。

● メレンゲの卵白は冷蔵庫で冷やしておく。

● 型にオーブンシートを敷いておく。

● オーブンは170℃に予熱しておく。

1 ボウルにバターを入れて
ヘラで練り、粉糖を加えて混
ぜ、卵黄を加えて混ぜ合わせ
る。

2 アーモンドパウダーを加
えてゴムベラでよく混ぜ、少
し白っぽくなって空気が入っ
たら、ポピーシードを加えて
混ぜる。

3 レモンの皮をすりおろし
て加え、混ぜる。

4 メレンゲを作る。ボウル
に卵白を入れ、グラニュー糖
を3回に分けて加えながら、
角が立つまでしっかりと泡立
てる。

5 3にメレンゲの½量を
加えて混ぜる。

6 ふるった粉類を加えて混
ぜ、残りのメレンゲを加えて
混ぜ合わせる。

7 型に流し入れてならし、
ブルーベリーをのせる。170
℃で30分焼き、160℃に下
げて20分焼く。

8 ケーキクーラーの上で5
分おき、型から出して冷ます。
仕上げに粉糖をふる。

エンジェルケーキを切り分け、いち
ごやブルーベリーを添えて。

エンジェルケーキ

卵白を使った白くてふわっとした食感、だから、エンジェルケーキ。
生地を型に流したら、上面にグラニュー糖を忘れずにふってオーブンへ。
このグラニューのおかげで表面がパリッとし、
カリカリした食感ができ上がります。

材料 17×8×高さ6cmのパウンド型1台分
型用ダイスアーモンド（生）..... 30g

メレンゲ

| 卵白 2個分
| グラニュー糖 40g
薄力粉 35g
粉糖 40g
ベーキングパウダー 1g
アーモンドパウダー 35g
バター（食塩不使用）..... 40g
グラニュー糖 大さじ1

準備

● バターは湯せんにかけて溶かし、温かい状態にしておく。
● 薄力粉、粉糖、ベーキングパウダーは合わせてふるっておく。
● メレンゲの卵白は冷蔵庫で冷やしておく。
● オーブンは170℃に予熱しておく。

1 型の底と側面にやわらかくしたバター10g（分量外）をぬり、ダイスアーモンドをまんべんなく貼りつける。

2 メレンゲを作る。ボウルに卵白を入れてハンドミキサーの混ぜはじめ、白い泡が立ってきたら、グラニュー糖大さじ1を加える。

3 ホイッパーの跡が少し残るくらいまで高速で混ぜ、残りのグラニュー糖の½量を加え、さらに混ぜる。

4 角が立つ手前で残りのグラニュー糖を加え、しっかりとした角が立つまで泡立てる。

5 最後に泡立て器を使って手動でやさしく混ぜ、キメを整える。

6 5にふるった粉類を加え、切り込むようにゴムベラで混ぜる。

7 アーモンドパウダーを加えて混ぜ合わせ、溶かしバターを加えて混ぜる。

8 型に流し入れてならし、グラニュー糖をふる。170℃のオーブンで35分焼く。

9 ケーキクーラーの上で5分おき、型の側面にパレットナイフを通して生地を型から離し、上下を返して型から出して冷ます。

きんかんジャム入り
エンジェルケーキ

アーモンドケーキの生地に、きんかんのジャムを合わせるのが私の定番。
ジャムが生地にしっとり感を与えます。表面のアーモンドがアクセントです。

材料 21×8.7×高さ6cmのパウンド型1台分

型用ダイスアーモンド（生）..... 40g
バター（食塩不使用）..... 50g
メレンゲ
| 卵白 2個分
| グラニュー糖 35g
卵黄 2個分
グラニュー糖 5g
薄力粉 40g
強力粉 10g
粉糖 30g
ベーキングパウダー 0.6g
アーモンドパウダー 35g
きんかんジャム（作りやすい分量）
| きんかん ..... 300g（1パック）
| グラニュー糖 130g
| 水 80mℓ

準備
- きんかんは縦4等分に切って種を取る。正味約250g。
- 薄力粉、強力粉、粉糖、ベーキングパウダーは合わせてふるっておく。
- メレンゲの卵白は冷蔵庫で冷やしておく。
- オーブンは170℃に予熱しておく。

1 きんかんジャムを作る。鍋にきんかん、グラニュー糖の½量、水を入れて火にかけ、沸騰したら弱火にし、ときどき混ぜながら煮る。

2 やわらかくなったら残りのグラニュー糖を加え、ツヤが出てくるまで5分ほど煮る。ボウルなどに取り出して冷ます。ここでは80g使う。

3 型の底と側面にやわらかくしたバター15g（分量外）をぬり、ダイスアーモンドを貼りつける。

4 バターを鍋に入れ、混ぜながら弱火で沸騰させ、鍋底に少しずつ薄茶色の斑点が出て泡が細かくなったら火を止め、こがしバターを作る。

5 メレンゲはp.105の作り方2〜5を参照して作る。

6 別のボウルに卵黄とグラニュー糖を入れて泡立て器でよく混ぜ、これを**5**のメレンゲに加えてざっと混ぜる。

7 ふるった粉類を加えてゴムベラで混ぜ、アーモンドパウダーを加えて混ぜ合わせる。

8 **4**のこがしバターを加えて混ぜる。こがしバターが冷めていたら、湯せんにかけて温めてから加える。

9 最後にきんかんジャム80gを加えて混ぜ、型に流し入れてならす。

10 グラニュー糖をふり、170℃のオーブンで40〜45分焼く。p.104の作り方**9**と同様に上下を返して型から出して冷ます。

大きなフィナンシェ

小さな型ではなく、大きく焼くフィナンシェ。
ちょっとこげたかな、と思うくらい焼き色がつきますが、
やわらかい部分が多く、
表面の少しガリッとした食感もしっかりと感じられます。
焼きたての温かいものをいただくのもおすすめ。

材料　21×8.7×高さ6cmのパウンド型 1 台分

バター（食塩不使用）..... 110g

卵白 110g

粉糖 70g

グラニュー糖 50g

塩 ..... 少々

はちみつ 20g

バニラビーンズ ..... ¼ 本

薄力粉 70g

ベーキングパウダー 1.2g

アーモンドパウダー 80g

準備

- はちみつは湯せんにかけて少し温めておく。
- 薄力粉、ベーキングパウダー、アーモンドパウダーは合わせてふるっておく。
- 型の側面の内側にバター（分量外）をぬって冷蔵庫で冷やし、バターがかたまったら強力粉（分量外）をふり、底にオーブンシートを敷いておく。
- オーブンは210℃に予熱しておく。

1　こがしバターを作る。鍋にバターを入れ、ヘラでていねいに混ぜながら弱火で沸騰させる。

2　鍋底に少しずつ薄茶色の斑点が出て、泡が細かくなったら火を止める。余熱でこげ具合をみる。

3　ボウルに卵白、粉糖、グラニュー糖、塩を入れ、泡立て器で混ぜる。

4　温めたはちみつを加えて混ぜる。

5　バニラビーンズの種子をしごき出して加え、白っぽくなるまで泡立て器ですり混ぜる。

6　ふるった粉類を加え、ゴムベラで混ぜ合わせる。

7　こがしバターを 4 回に分けて加え、そのつど混ぜる。こがしバターが冷めていたら、湯せんにかけて温めてから加える。

8　型に流し入れてならし、210℃のオーブンで 5 分焼き、180℃に下げて 30 分、さらに 160℃に下げて 8 分焼く。型から出して冷ます。

ゴールデンアプリコットケーキ

卵黄たっぷりだからゴールデンケーキ。
ほくっとした生地なので、あんずバタークリームとの相性が抜群です。

材料　17×8×高さ6cmのパウンド型 1 台分
卵黄 ..... 4 個分
グラニュー糖 60g
湯（40℃くらい）..... 25㎖
薄力粉 35g
コーンスターチ 15g
ベーキングパウダー 1g
バター（食塩不使用）..... 40g
あんずバタークリーム
　全卵 ..... 1 個
　バター（食塩不使用）..... 125g
　グラニュー糖 75g
　水 ..... 25㎖
　あんずペースト＊ 55g
仕上げ用
　ドライあんず、砂糖菓子、
　　すみれの花の砂糖漬け ..... 各適量

＊あんずペースト（作りやすい分量）
1 ドライあんず 50g とひたひたの水を鍋に入れて中
火にかけ、沸騰してから約 3 分ゆで、やわらかくな
ったら水気をきり、グランマルニエ 50㎖ をかけて 3
時間以上おく。**2** あんずの汁気をきってフードプロセ
ッサーで攪拌してペースト状にする。途中、**1** で使っ
たグランマルニエを少しずつ加え、ぼってりとしたペ
ースト状に仕上げる。約 110g 分。

準 備

- 薄力粉、コーンスターチ、ベーキングパウダーは合わせてふるっておく。
- 生地用のバターは p.109 の作り方**1**〜**2**を参照して、こがしバターを作る。湯せんにかけて温めておく。
- 型の側面の内側にバター（分量外）をぬって冷蔵庫で冷やし、バターがかたまったら強力粉（分量外）をふり、底にオーブンシートを敷いておく。
- オーブンは 170℃に予熱しておく。

1 ボウルに卵黄とグラニュー糖を入れて泡立て器で混ぜ、ボウルの底を直火で温めながらさらに混ぜ、さらっとしてきたら火からはずす。

2 ハンドミキサーで、白っぽくなるまでしっかりと泡立てる。湯を加え、さっと泡立て器で混ぜ合わせる。

3 **2**にふるった粉類を加えてゴムベラで混ぜ合わせ、温かい状態のこがしバターを3回に分けて加え、そのつど混ぜる。

4 型に流し入れ、170℃のオーブンで 30 分焼く。焼き上がったらすぐにケーキクーラーにのせ、型から出して冷ます。

5 あんずバタークリームを作る。全卵はボウルに入れて溶く。バターは湯せんやレンジでマヨネーズよりかたいくらいのやわらかさにする。

6 グラニュー糖と水を鍋に入れて中火にかけ、こがさないように 116℃まで煮詰めていく。

7 116℃になったら**5**の全卵に加えながら泡立て器で混ぜる。シロップが卵の中で溶けるまでよく混ぜる。漉して別のボウルに移す。

8 ハンドミキサーの高速で完全に冷めるまで泡立て、**5**のバターを加え、空気がしっかり入るまでさらにハンドミキサーで混ぜる。

9 あんずペーストを加えて混ぜ合わせる。あんずバタークリームの完成。

10 **4**のケーキ全体にあんずバタークリームをぬり、パレットナイフで整える。ドライあんず、砂糖菓子、すみれの花の砂糖漬けを飾る。

田中博子　Hiroko Tanaka

菓子研究家。食育料理研究家・藤野真紀子氏の本がきっかけでお菓子の道を志す。

地元・福岡市にある中村調理製菓専門学校を卒業後、

洋菓子店の勤務を経て、22歳で念願の藤野真紀子氏の助手になる。

妥協せずおいしさと美しさを追求する姿勢に触発され、5年後に渡仏。

ジャムで有名なアルザス地方の「メゾン・フェルベール」に勤務。

帰国後は、2011年からフランス菓子とジャムを専門としたお菓子教室「クレアパ」を主宰。

同じく2011年から日通旅行と企画して毎年アルザスツアーを開催。

2019年よりオーストラリアのメルボルンに移住し、活動を続ける。2020年にはメルボルンツアーの企画も予定している。

著書に『家庭で作れる アルザスの素朴なお菓子』（河出書房新社）、『セルクルで作るタルト』（文化出版局）、

『ジャムの本』（東京書籍）、共著に『あたらしいチーズケーキ』（家の光協会）などがある。

Instagram：@irokobise

アートディレクション：昭原修三

デザイン：植田光子

撮影：竹内章雄

スタイリング：千葉美枝子

編集：松原京子

プリンティングディレクター：栗原哲朗（図書印刷）

パウンドケーキの本

2019年 5月29日　第1刷発行

著者　田中博子

発行者　千石雅仁

発行所　東京書籍株式会社

東京都北区堀船 2-17-1　〒114-8524

電話　03-5390-7531（営業）

03-5390-7508（編集）

印刷・製本　図書印刷株式会社

ISBN978-4-487-81221-9 C2077